JIATING JIAOYU

家庭教育

九年级

总主编——朱永新

本书主编——石鹏　殷飞

漓江出版社

·桂林·

图书在版编目（CIP）数据

家庭教育．九年级 / 朱永新总主编；石鹏，殷飞主编．-- 桂林：漓江出版社，2023.8

ISBN 978-7-5407-9122-3

Ⅰ．①家… Ⅱ．①朱… ②石… ③殷… Ⅲ．①初中生—家庭教育 Ⅳ．① G78

中国版本图书馆 CIP 数据核字（2021）第 140755 号

家庭教育　九年级

JIATING JIAOYU JIUNIANJI

总 主 编　朱永新
本书主编　石　鹏　殷　飞

出 版 人　刘迪才
选题统筹　李　弘
责任编辑　覃乃川
装帧设计　黄　洁
责任监印　杨　东

出版发行　漓江出版社有限公司
社　　址　广西桂林市南环路22号
邮　　编　541002
发行电话　0771–5825315
邮购热线　0771–5825315
网　　址　www.lijiangbooks.com
微信公众号　lijiangpress

印　　制　广西民族印刷包装集团有限公司
开　　本　787 mm × 1092 mm　1/16
印　　张　10
字　　数　155千字
版　　次　2023年8月第1版
印　　次　2023年8月第1次印刷
书　　号　ISBN 978-7-5407-9122-3
定　　价　32.00元

丛书编委会

总主编　朱永新　国家全民阅读形象代言人。全球最大教育奖项“一丹教育发展奖”得主，国际“爱阅人物奖”得主，“中国阅读三十人论坛”成员，新教育实验发起人，新阅读研究所创办人。出版《未来学校》《致教师》等专著数十部，作品版权输出美国、法国、德国、日本等，被译为31种语言。被评为“中国十大教育英才”、中国教育60年60人、“为了公共利益”年度人物、“2020年度全国政协委员优秀履职奖”等。

执行主编、小学学段主编　童喜喜　儿童文学作家，教育学者，说写课程创始人。中国十大作家奥运火炬手，全国推动读书十大人物，教育部“全民阅读标准建设工程”咨询专家，美国哈佛中国教育论坛第一位儿童文学作家，“中国阅读三十人论坛”成员兼秘书长。作品输出海外，被译为3种语言。

学前、幼儿学段主编　文萍　广西幼儿师范高等专科学校校长，广西教育学会副会长，教育部职业院校教学指导委员会中小学教育专门委员会副主任委员。

学前、幼儿学段主编　杨咏梅　中国教育报家庭教育周刊原主编，第二届中国家庭教育“十佳”公益人物，中国家庭教育学会宣传教育专业委员会副理事长，中国教育学会家庭教育专业委员会常务理事。

小学学段主编　李福灼　南宁师范大学教师教育学院院长。教育部国培计划专家库专家，教育部中小学校长国家级培训专家库专家，教育部—联合国儿童基金会“社会情感学习（SEL）”项目国家级专家。

初中学段主编　石鹏　广西南宁市第十四中学校长，“全国家庭教育创新实践基地”学校带头人，曾获“全国模范教师”“全国优秀教师”“特级教师”“广西基础教育名校长”等荣誉称号。

初中学段主编　殷飞　南京师范大学心理学院副教授，南京师范大学家庭教育研究院副院长，江苏省家庭教育研究会副会长，中国家庭教育学会常务理事。

高中学段主编　王文蓉　南宁师范大学教师教育学院副院长，硕士生导师。教育部全国中小学幼儿园教师培训专家工作组专家，教育部国培计划专家库专家，教育部校长国培计划专家库专家，教育部—联合国儿童基金会“社会情感学习（SEL）”项目国家级专家。广西家庭教育研究会副会长，广西教育学会家庭教育专委会理事长。

高中学段主编　翟博　中国教育报刊社原党委书记、社长。在理论研究、教育研究、新闻和文学写作等多方面取得丰硕成果。

本书编委会

总 主 编： 朱永新

本书主编： 石 鹏 殷 飞

副 主 编： 樊 蓉 王 刚

本书作者： 樊 蓉 王 刚 薛志芳

卢 静 梁晓慧 苏家珍

凌栩栩 彭 菁

总 序

家庭是教育的起点

朱永新

我们培育的孩子，是中国美好的明天，是我们共同的未来。每个大人都希望孩子有出息，希望今天的孩子是明天的人才。

但是，无论父母还是老师，我们很多大人在面对孩子的许多问题时，经常力不从心，不知所措。遇到困难的大人们，无论是渴望家庭教育方法的父母长辈，还是希望引导父母做好家庭教育的一线教师，不仅需要倾诉和聆听，更需要得到指导和帮助。这一套为家长量身打造的“家庭教育”丛书，正是为此应运而生。

为了让这套“家庭教育”丛书能够得到更好运用，在编写过程中，我们对各个环节进行了精心的设计。

我们针对0～3岁、幼儿园、小学、初中、高中五个阶段，分别邀请专家学者进行主编：《中国教育报·家庭教育周刊》主编杨咏梅和广西幼儿师范高等专科学校校长、教育学博士文萍主编0～3岁阶段和幼儿园阶段的内容，新教育萤火虫亲子共读公益项目创始人、原新家庭教育研究院理事长、著名儿童文学作家童喜喜和南宁师范大学教师教育学院院长、教授李福灼主编小学阶段的内容，南京师范大学教授、新家庭教育研究院副院长殷飞和南宁市第十四中学校长、正高级教师石鹏主编初中阶段的内容，中国教育学会家庭教育专业委员会常务副理事长、中国教育报刊社原党委书记兼社长翟博和南宁师范大学教师教育学院副院长、广西家庭教育研究会副会长王文蓉主编高中阶段的内容。

这五个阶段的主编，都是活跃在一线的优秀专家，在学术研究上各有造诣，都是家庭教育工作的资深学者，常年奔走在全国各地，对家庭教育的一线情况如数家珍，不仅有着广泛的影响力，更对不同地区的家庭教育特点有着全面把握，让这套丛书的内容能够更好地覆盖不同群体。

我们反复研讨，提出了诸多具体细致的编写要求。比如写作中，围绕相同问题，需要归纳不同背景、不同环境下容易出现的不同类型的状况或做法，分门别类地进行指导，从而让读者在阅读中更容易发现自己的问题和不足，选择方法时更有针对性等。

我们组建了由在中小学、幼儿园工作的优秀教师和全国各地的“新教育种子计划”公益项目的榜样教师组成的作者团队。这些作者本身就活跃在家庭教育的一线，他们每个人都在为丛书添砖加瓦，使得这套丛书更接地气，进一步提高其实用性。

我们以“过一种幸福完整的教育生活”作为宗旨，在内容中贯彻诸多家庭教育的根本理念，如“教育，从家庭开始”“幸福比成功更重要，成人比成才更重要”“阅读和家庭，是教育的两大基石”“母亲是女人最神圣的天职”“父亲是男人最重要的工作”“与孩子一起成长”“教育需要智慧爱”等。

我们反复推敲丛书的体例，形成了一个严密而高效的结构——

导语，对单元目标进行提纲挈领的把握。

案例分析，以当下事件为切入点，提炼重大问题，有的放矢。

了解孩子，明确不同年龄段孩子的主要特点，增进多方了解。

实施指南，以简明扼要的语言提供具体方法。

延伸拓展，围绕相关主题，推荐更多图书、影视或亲子活动，便于按图索骥，亲子共读、共赏、共乐。

评估改进，以现实生活中易犯的错误，结合章节的主题，编写测试题，供读者自测、自评，拟订行动计划。

鲜活的案例、务实的分析、高效的方法、贴心的测评，我们相信，这套丛书能够成为家庭教育的高参，成为家校共育的锦囊。

其实，在收到主编这套“家庭教育”丛书的邀请之时，我犹豫了很久。一是因为本职工作已经非常忙碌，主编一套丛书需要不少时间；二是因为早在几年前，我已经组织编写过一套同类题材的图书。最终，考虑到漓江出版社当时是应教育部门的委托前来邀请，考虑到有了此前的经验能够弥补一些不足，可以进一步提高家庭教育的有效性，我还是答应下来。

我知道，理念转化为图书容易，方法转化为行动艰难，所以我们从不同层面，推动着行动。

我把主编这套丛书的稿费 100% 捐赠给江苏昌明教育基金会，用于开展更多家庭教育研究和实践。

这套丛书的主编团队、作者团队，不仅会完成这套丛书的编写，还会在更多家庭教育的活动中，身体力行地帮助家长、教师、社会工作者运用这些知识。

在漓江出版社的支持下，由“家庭教育”丛书的编写委员会执行主编、小学阶段主编童喜喜以中国儿童文化艺术基金会“新孩子”专项基金和新教育新阅读研究所统筹组建的公益团队，已经在为城市、乡村等不同处境的父母群体细化研发更有针对性的课程，密切关注留守儿童成长问题、隔代教育问题等，并借助网络的便利，以公益的方式，将以“新父母双师网校”为载体，以“新教育种子计划”“新教育萤火虫亲子共读”等公益项目，为父母、老师提供更多跟进指导。

这套丛书的内容得到了许多学校的认可。如今越来越多的学校教育工作者发现：家庭教育做好了，学校教育的地基就坚实了。所以，我们也和漓江出版社多次沟通，根据学校的特点和要求进行相应调整，专门推出了适合学校工作的版本，便于学校组织开展家庭教育工作。

陶行知先生说过：“生活即教育。”家庭教育正应该成为这样的生活。教育应以万千家庭的生机盎然，组成新时代的蓬勃原野。

感谢漓江出版社的信任，感谢参与编写和创作的全体专家、老师认真勤奋、卓有成效的工作。错漏之处，敬请读者们多多指正。

家庭是教育的起点。起点稳了，方向对了，基础就牢了，孩子就好了，家庭就和谐了，教育就完整了，人生就幸福了。让我们一起努力，用好教育建设我们的好家庭！

2022 年 8 月 13 日写于高铁途中

开 篇 语

应对挑战，智慧助力

家庭是人生的第一个课堂，父母是孩子的第一任老师。每一个孩子都出生在家庭、成长于家庭，家庭教育带给他生命的底色。家庭教育从古至今都是社会热议的问题。无论是古代被称誉为“古今家训，以此为祖”的《颜氏家训》，充满对儿子殷殷教诲和无限期望的《诫子书》，提倡知行合一的家训典范《治家格言》；还是2019年党的十九届四中全会《中共中央关于坚持和完善中国特色社会主义制度　推进国家治理体系和治理能力现代化若干重大问题的决定》中提到“注重发挥家庭家教家风在基层社会治理中的重要作用”，2020年首届国际家庭教育论坛在京举行，2021年全国人大常委会对《中华人民共和国家庭教育法（草案）》进行了审议，2022年《中华人民共和国家庭教育促进法》正式施行……无一不彰显着人们对家庭教育的重视。

九年级是孩子求学生涯中一个承上启下的重要阶段。此时，孩子们不仅面临着中考，而且面对着自己身心成长的变化，压力可谓无时无处不在。因此，在这个阶段，家庭教育的作用就显得尤为重要。那么面对充满挑战和考验的九年级生活，家长该如何有效施行家庭教育呢？这是无数家长心中的疑问，也是我们致力解决的问题。

为此，我们组织了教育教学经验丰富的专家团队和一线教师，他们结合多年的教育教学经验，以及自己的育儿方法，从家长的视角，精心编写了这本家庭教育图书。该书主要围绕以下六个常见的九年级成长主题进行探讨：运动健康、助学有道、时间管理、合理减压、学涯规划、学会求助，对家庭教育中遇到的典型问题案例进行分析，分类型给予家长们相应建议，并提供了不少实用的测评工具和具体解决方法。希望能为城市和乡镇地区九年级孩子的家长提供理念正确、行之有效的家庭教育方法。

父母之爱，爱之有道，教之有方。我们一起探索让孩子健康快乐成长的方法，成为有智慧的家长，做孩子成长的陪伴者和坚实的后盾。

目　录

九年级上册

九年级的孩子犹如马力全开的发动机，身心都处于高速运转中。运动不但有助于孩子保持健康的体魄，还可以帮助他们维持学习精力和思维灵活。家庭就是最好的滋养。良好的家庭运动氛围和适当的膳食作息安排，能帮助孩子在体育和文化的双重考验中如虎添翼。

求学有法则通，助学有道则顺。孩子奔跑于求学旅途，一路或繁花似锦，或荆棘丛生，父母要成为孩子旅途中有力的助跑者，需用心相伴，更要有道助行。用心陪伴，依律助力，循道而为，波折能变坦途，起伏可为风景，旅途终究不负。

时间，是世界上最公平的财富。对于毕业班的孩子而言，知道如何抓紧时间，提高效率，才能事半功倍，决胜沙场！父母除了无微不至的关心、连绵不断的唠叨，还可以有更好的选择，如教给孩子形式多样的时间管理方法，帮助孩子学会把握时间管理的秘诀，引导孩子主动做好时间规划，成为孩子最智慧的指导者和启发者！

九年级下册

进入备考阶段，孩子们真切感受到了中考带来的压力，不少孩子甚至出现了过度紧张、担忧和焦虑的心理，影响了正常的学习和生活。作为家长，我们要主动关注孩子的焦虑，认真倾听孩子的心声，理解孩子的压力，了解调适压力和焦虑的方法，帮助孩子接纳焦虑，调适压力，让孩子以最佳的状态“赢”接中考。

规划能帮助孩子认知自我，走向未来。作为父母，我们要怎样根据孩子的性格、气质、兴趣和特长，帮助孩子做好九年级的学习规划？本专题将会给予家长建议、测评工具和实际的方法，帮助家长找到适合孩子的学涯规划方案，促进父母的自我成长，增进亲子关系。

当孩子处在中考升学竞争与人生选择的关键阶段，家长应该及时、敏锐地感知和发现孩子的纠结和困难，精准、合宜地给予孩子应有的理解、陪伴、支持、帮助，和孩子们一起寻求成长的力量、跨越的勇气和突破的智慧，做孩子们学业拔高、身心强大、生命进阶的良师益友。

九年级上册

第一专题 运动健康，维持高强度学习与思维灵活

经过七年级的适应期和八年级的波动期，孩子跨入了九年级的学习与生活。这个时期，孩子会出现不一样的变化。比如，孩子在休息、营养和体能提升方面有了更多的需求；随着年龄增长、备考压力增加，他们在认知、情感上表现得更为独立，跟家长的沟通时间和沟通意愿有所减少。面对这样的情形，部分家长往往因过度焦虑而对孩子在九年级的行为进行干预或指责。在各种中考科目和体育模拟测试成绩的“催化”作用下，亲子之间时常产生矛盾、冲突，甚至激起孩子的逆反心理。

其实，在文化课中考和体育中考的双重压力下，九年级的孩子要付出高强度的体力和脑力劳动，这对孩子的身体是一个极大的考验。正所谓：“身体是革命的本钱。”作为家长，我们首先应该保障孩子的运动健康，让孩子拥有一个强健的体魄！

因此，在家庭教育过程中，家长要系统地分析孩子在九年级时的生理和心理特点，科学地认识运动健康对孩子体育中考的帮助，以及对学习精力和思维活力的重要影响。为此，家长要主动了解孩子的各项健康指标，通过饮食调控、合理作息、身心调节等方式助力孩子健康度过九年级，为孩子的长远发展奠定坚实的基础。

案例分析

九年级开学不久，学校对全年级同学进行了一次体质健康测试，以了解同学们的生长发育和体能情况。当看到孩子的体能测试结果时，很多家长对孩子的体能情况感到担忧。尤其在对照了中学生体质健康标准后，家长们更加着急。

案例一：不良的饮食习惯，导致孩子身体素质差。

佳佳是家里的独生女。从小时候起，佳佳的奶奶就特别宠溺她，对佳佳几乎有求必应，使得佳佳养成了爱吃甜食或高热量零食而不爱吃蔬菜的饮食习惯。进入青春期后，与同龄人相比，佳佳的体重明显偏高。在体育课上，佳佳稍微开始运动，就会出现呼吸困难等现象。有一次，在上体育课做准备运动时，佳佳甚至差点晕倒。而且在这次体质健康测试中，佳佳的好几项指标都没有达到中学生体质健康的标准。进入九年级，面对高强度的体育中考训练，佳佳根本无法适应。这让佳佳的妈妈变得无比焦虑。

案例二：作息不规律，缺乏运动锻炼的调节。

浩浩是一个性格活泼的男生。在这次体质健康测试中，浩浩的各项身体指标都符合标准。但是后来，爸爸发现浩浩晚上经常因为沉迷于电视节目而兴奋得睡不着觉，导致早上出现“起床困难症”，并且上课时精神涣散，时常打瞌睡，严重影响了正常的休息和学习，而且浩浩由于对运动不感兴趣，浩浩长高的速度比同龄的男生慢了许多。虽然浩浩的爸爸也在周末带他去篮球馆进行体育锻炼，可收效甚微。孩子的体育测试成绩并没有得到提升，反而有所下降。这让浩浩的爸爸感到很困惑。

案例三：学习压力过大，运动状态不佳。

可可是一个勤奋好学的女生。为了维持家庭生计，可可的父母长年在外打工。进入初中，可可选择了在学校住宿。每周末回家时，可可会主动帮爷爷奶奶做家务、干农活。在学校，可可的文化课成绩不错，也能积极参加校内体育锻炼。但最近在周末跟可可进行视频通话时，可可的妈妈发现可可的笑容变少了，气色也变差了。

与班主任进行沟通后，可可的妈妈了解到自从进入九年级，可可因为连续两次文化课的测试成绩不理想，而对自己的学习感到担忧。尽管可可很努力，但由于心理压力过大，在这次体质健康测试中，可可的部分项目指标没有符合标准，甚至连原本不错的体育测试成绩也出现了明显的退步。这让可可的妈妈很着急。

案例四：缺乏正确的引导，没有形成良好的运动习惯。

大军出生在一个军人家庭。爸爸时常在部队值守，每周在家的时间很少；妈妈是一名护士，需要经常加班，不能很好地管理孩子的生活。这使得大军变得越来越懒散。进入九年级，大军在学校时只是应付性地做一些老师要求的训练，周末几乎都待在家里，极少参加体育运动。在九年级的这次体质健康测试中，大军有几个项目指标只是接近体育中考的标准。这让大军的爸爸妈妈感到很苦恼。

通过对上述案例进行分析，我们可以看出不少孩子在九年级都出现了身体状态与学习压力难以平衡的问题，尤其在体育中考“加码”的情况下，有的孩子出现了心有余而力不足的情况。结合专业数据分析，我们发现九年级孩子的健康状态不佳和运动成绩不理想主要有以下四个方面的原因。

1. 饮食习惯不佳，导致体质较差。

进入九年级，由于对身体健康重要性的认识不足，孩子通常没有及时调整自己的饮食习惯：有的孩子偏爱肉类或高热量食品，从而出现体重偏高或超重的现象；有的孩子过于注重形体而时常只吃素菜，不吃荤菜，从而导致营养不良。可见，孩子的饮食习惯是影响身体健康的重要因素。此外，九年级的学习压力也让孩子的心理负担过重，从而出现饮食不规律的现象，进而影响身体的正常发育，导致体质状况不佳。

九年级学生生活习惯不健康的常见表现[①]

成长密码	具体表现
九年级学生最“不会喝水”	◊ 有的男生特别爱喝碳酸饮料，把饮料当水喝 ◊ 喝水不会定时、定量，有时暴饮，会引起肠胃不适
九年级学生三餐在路边摊吃得最多	◊ 孩子上九年级以后，大多每天到学校较早，回家较晚，因此很多孩子选择在路边摊解决一日三餐 ◊ 一些父母工作比较忙，易忽略孩子的一日三餐，以为给孩子一些钱就能解决问题
九年级学生吃油炸、烧烤、方便、膨化类食品最多	◊ 中国青少年研究中心调查发现，和其他几个年级相比，九年级的学生吃方便、膨化类食品的比例最高，几乎占了半数（49.1%）

2. 营养摄入不均衡，生长发育偏离标准。

运动生理学的研究结果表明，营养对青少年生长发育的形态、功能、心理、免疫力、智力等方面有着短暂性或永久性的影响。也就是说，营养丰富而且均衡的饮食对孩子的生长发育有很大的促进作用。相反，营养缺乏不仅会影响孩子发育，还会导致疾病，从而影响孩子的学习和运动能力。比如，当饮食中缺少锌元素时，孩子的肌体和骨骼会发育不良，导致腺功能衰退；缺少钙元素会影响骨骼和牙齿的发育，导致孩子身材矮小，并容易引起抽筋和过敏；铁元素、碘元素和维生素 A 的缺乏，容易引起智力发育障碍。通过调节饮食，孩子能够及时补充以上营养元素。这就需要家长为孩子制订合理的饮食规划，保证各类营养元素的足量摄入。

此外，身高体重指数也是反映学生身体形态发育水平的一个重要指标。作为家长，我们可以参考国家卫生健康委员会发布的《7 岁～18 岁儿童青少年身高发育等级评价》标准，自主地判断孩子的身体匀称度、生长发育和营养状况水平。

① 朱永新、孙云晓、孙宏艳主编《这样爱你刚刚好，我的九年级孩子》，湖南教育出版社，2017，第 37 页。

表 1 儿童青少年身高发育等级界值点[1]

说明：身高发育水平分成5个等级。其中，身高 < −2*SD* 为下等；身高 ≥ −2*SD* 且 < −1*SD* 为中下等；身高 ≥ −1*SD* 且 ≤ +1*SD* 为中等；身高 > +1*SD* 且 ≤ +2*SD* 为中上等；身高 > +2*SD* 为上等。（注：*SD* 为标准差。）

表 1–1 男生身高发育等级划分标准

（单位：厘米）

年龄 / 岁	−2*SD*	−1*SD*	中位数	+1*SD*	+2*SD*
13	143.01	151.60	160.19	168.78	177.38
14	150.22	157.93	165.63	173.34	181.05
15	155.25	162.14	169.02	175.91	182.79
16	157.72	164.15	170.58	177.01	183.44
17	158.76	165.07	171.39	177.70	184.01

表 1–2 女生身高发育等级划分标准

（单位：厘米）

年龄 / 岁	−2*SD*	−1*SD*	中位数	+1*SD*	+2*SD*
13	143.75	149.91	156.07	162.23	168.39
14	146.18	151.98	157.78	163.58	169.38
15	147.02	152.74	158.47	164.19	169.91
16	147.59	153.26	158.93	164.60	170.27
17	147.82	153.50	159.18	164.86	170.54

在学习了身高发育等级划分标准后，接下来让我们试着给自己孩子的体重指数打打分吧。

① 摘自中华人民共和国国家卫生健康委员会于2018年6月15日发布的《7岁～18岁儿童青少年身高发育等级评价》。

表 2 男、女生体重指数（BMI）单项评分表[①]

注：体重指数（BMI）= 体重（千克）/ 身高 ^{2}（米 ^{2}）。

例如：张三体重 70 千克，身高 1.65 米，体重指数（BMI）=70/1.65^2=25.7，属于肥胖。

表 2-1 男生体重指数（BMI）单项评分表

（单位：千克 / 米 ^{2}）

等级	单项得分	七年级	八年级	九年级
正常	100	15.5 ～ 22.1	15.7 ～ 22.5	15.8 ～ 22.8
低体重	80	≤ 15.4	≤ 15.6	≤ 15.7
超重		22.2~24.9	22.6~25.2	22.9~26.0
肥胖	60	≥ 25.0	≥ 25.3	≥ 26.1

表 2-2 女生体重指数（BMI）单项评分表

（单位：千克 / 米 ^{2}）

等级	单项得分	七年级	八年级	九年级
正常	100	14.8 ～ 21.7	15.3 ～ 22.2	16.0 ～ 22.6
低体重	80	≤ 14.7	≤ 15.2	≤ 15.9
超重		21.8 ～ 24.4	22.3 ～ 24.8	22.7 ～ 25.1
肥胖	60	≥ 24.5	≥ 24.9	≥ 25.2

【评估参考】如果您发现孩子在身高或者体重上偏离正常水平，那就要警惕了。此时，家长要主动反思孩子有没有不良饮食习惯或者作息不规律问题，及时帮助孩子调整。如果把握不准原因，家长应当及时带孩子到正规医院进行咨询诊断，千万不要错过及早调整的时机。

>> 3. 家庭缺少运动氛围，没有给予孩子正确的引导。

家庭对孩子性格习惯的养成具有重大的影响。在“万般皆下品，唯有读书高”的思想影响下，很多家长对孩子的教育会呈现“重文轻体”的趋势。渐渐地，家长只强调智力教育，而忽视对孩子健康运动的

① 摘自教育部 2014 年印发的《国家学生体质健康标准（2014 年修订）》(略有调整)。

引导。

在调查中，我们发现大多数家长认为孩子在九年级的任务就是学习，而体育只是一种娱乐和放松的方式。其实，体育运动也是孩子全面发展的重要组成部分。然而，这常常被家长们忽略。缺乏对体育的了解和对人格发展的社会心理影响的认识，家长没有主动营造良好的家庭运动氛围，从而缺乏对孩子兴趣的培养，影响了孩子身心健康发展。

判断家庭生活是否健康的 13 项指标

您家里的实际情况与下面列出的表现是否相符？若相符，则选“是”；若不相符，则选“否”。

	是	否
（1）有家庭集体运动环境		
①我们会定期进行户外活动，如散步、登山等。	□	□
②我们都有共同热爱的体育项目。	□	□
（2）有家庭共处时间		
③我们每周能保持 5 次以上的家人共同进餐，早中晚餐皆可。	□	□
④周末我们能有时间和孩子共处。	□	□
（3）有家庭健康保障		
⑤我们都有购买医疗保险。	□	□
⑥我们都有定期体检的习惯，不排斥看医生。	□	□
（4）家庭成员氛围融洽		
⑦会经常彼此赞美。	□	□
⑧愿意耐心倾听彼此的抱怨、宣泄等。	□	□
⑨会关心问候家庭成员的健康状况。	□	□
（5）有良好生活习惯		
⑩作息规律，休息时间营造安静氛围。	□	□
⑪饮食均衡，不常吃高油高盐高糖食物。	□	□
⑫家庭成员平时较少购买饮料、外卖。	□	□
⑬家里无人吸烟。	□	□

【评估参考】如果您选择“是”比较多，那说明您的家庭生活比较健康；反之则说明您家庭生活的健康指数比较低，需要您和伴侣重新调整家庭观念，改变现状。总的来说，一个家庭由众多的家庭成员组成，而除感情之外健康也是维系一个家庭重要的基石。

>>> 4. 缺乏科学的运动训练和健康管理方法。

在孩子进入九年级后，为了帮助孩子纾解学习上的压力，有的家长也尝试带领孩子进行体育锻炼，但由于对运动和健康方面的知识关注不够，缺乏对九年级体育训练要求和规范的了解，从而不能科学地为孩子迎接中考体育提供有效的指导和合理的饮食保障。

为此，家长可以参考下列的饮食表，并结合孩子的实际情况，通过调节饮食及时补充相应的营养，帮助孩子提升体能素质，以便更好地应对九年级的体育中考备考。

类别	助力元素	益处
花菜	维生素 C、钾元素、纤维和植物素	运动中保持巅峰表现和健康的关键元素
低脂酸奶	钙元素、蛋白质	改善骨骼密度，对锻炼后肌肉生长和恢复都非常有益
牛肉	高质量的蛋白质、铁元素	缓解疲劳，有助于肌肉恢复
浆果	高纤维、维生素 C 和钾元素	缓解训练后的肌肉疲劳，有助于身体自我修复
三文鱼等海鱼	蛋白质、欧米伽 -3 脂肪酸	有利于心脏健康，为有氧运动提供帮助，防止发炎，预防疾病
体育考试前的主要注意事项	①体育考试前一天多吃含糖量高的食物（各种谷物和水果，如馒头、香蕉），喝足够的水。②避免吃一些高脂肪的食物（如油炸食品、肥肉），这类食物不利于消化，也不能快速补充所需的糖分。③考试前一小时，可补充少量的糖（如 200 毫升葡萄糖饮料），不要喝水太多。④考前一餐切记：不能吃得太多、太饱，不吃刺激性食物	

注：实际上，最合理的饮食是均衡的，不必刻意大鱼大肉，注意全面、适量、规律进食。

很显然，孩子的运动健康与家庭有着密不可分的联系。作为家长，我们要充分了解孩子在九年级这个阶段的成长特点和发展规律，及时调整和改变自己的教养方式，为孩子的运动健康提供科学的体育运动指导和有效的饮食保障，让孩子更加从容地迎接体育中考，并以更饱满的精神状态在文化课的考试中获得更好的成绩。

了解孩子

步入九年级，面临文化科目和体育中考的双重考验，孩子们的身体和心理都承受着巨大的压力，也会发生一定变化。作为家长，我们要密切关注孩子的成长变化，充分了解孩子的成长特点和个性特征，增加对孩子的关心与陪伴，从而科学地帮助孩子做好九年级的运动健康管理。

一、生长发育快，男女生差异显著。

九年级是孩子生长发育的关键时期，“快”是这一时期最显著的特点。首先，孩子的外形会发生明显的变化。随着年龄的增长，孩子的骨骼和肌肉的发展越来越协调，肌肉力量和耐力慢慢接近成年人的水平。其次，男女之间的差异也有了明显的体现，从而使男女生的运动能力产生了分化。在体育教学上，教师会根据男女生的特点，安排不同的运动项目和训练强度。

因此，作为家长，我们在引导孩子进行体育运动时，要按照孩子的性别特点和身体发育状况，制订科学的健康运动规划（比如，女生可以训练仰卧起坐等非力量型运动项目，男生可以训练俯卧撑、引体向上等力量型项目），同时有意识地搭配合理的饮食，让孩子既能养成良好运动习惯，也能保证营养均衡，从而促进孩子的健康成长。

二、个性强且敏感，不易接受家长建议。

随着所学的知识不断增多，九年级孩子的思维能力空前提高。这个时候，孩子对外界事物的认识已经不再停留于直观外表的阶段，而是逐步形成了个性化的思考和理解。他们往往特别在意他人的评价，希望得到认同和肯定。但是由于社会经验和认知水平的不足，孩子对事物的认识还存在较强的局限性和片面性。因此，这一阶段，孩子的心理会比较敏感，情绪容易被外界干扰，呈现出不稳定、多变的特点。

因此，父母在这一时期要正视“孩子逐渐成长”的状况，将自身的管理角色从“全方位包办”向“有限放权”转变，采取符合孩子实际年龄的教育方式，变“训导”为“沟通”，从而真正了解孩子的内心诉求，积极肯定他们活泼、阳光的想法。此外，在纠正偏差时，家长可以采用探讨式的沟通方法，激发孩子的沟通欲望。只有这样，孩子才会更容易接受家长的教导，从而有效发挥家庭教育对孩子成长的促进作用。

小贴士

不要急着替孩子做决定

九年级的孩子刚步入青年时期，缺乏决策能力与他们的年龄特征有关。父母不应该急于为孩子做决定，因为这会阻碍孩子的经验积累和经验反思。父母可以给孩子一些有效的建议，或者给他一些信息以供参考，这样孩子就可以不断地比较各种信息和各种尝试的经验，从而做出自己的决定。这样，孩子的决定就是成长的结果。

三、文化科目与体育中考的双重考验，可自由支配的时间少。

随着社会对高素质复合型人才的需求日益增加，培养和提高学生的核心素养愈加成为教育发展的重点内容。近年来，体育中考分数在中考总分中的占比也逐步增加，体育科目越来越受到学校、家长和学生的共同重视。在可预期的未来，体育科目极有可能成为决定孩子中考“胜负”的关键项。

因此，九年级的孩子既要做好文化科目的学习，又要适应体育中考的新要求。在这种双重压力的影响下，孩子可以自由支配的时间不断减少。如何让孩子顺利“通关”成为学校教育和家庭教育亟待解决的重要问题。家长只有认清这一点，才能帮助孩子顺利通过这样的双重考验，更好地指导孩子健康成长。

四、自我认知不足，需要专业的运动健康指导。

对九年级的孩子来说，运动生理学和运动训练学等专业的学科知识还比较晦涩，不易于理解和掌握。他们往往对自身的运动机能、运动水平等缺乏足够的自我认识，因此，九年级孩子迫切需要专业的运动指导。

作为家长，我们可以积极与体育教师或社会体育指导员进行沟通、交流，结合孩子的身体状况、运动能力，制订适合孩子的个性化运动训练方案，帮助九年级的孩子在相对较短的时间内科学地提高自身体能素质，以达到体育中考的要求。在做好体育中考备考的同时，家长还要引导孩子保持积极、良好的精神状态，应对高强度的文化科目学习压力。只有这样，孩子才能在专业的指导下，更加自信地迎接中考，并取得令自己和家人满意的成绩。

作为九年级“战场”的主角，孩子们也有许多的期待和苦恼。为了更好地帮助孩子健康成长，家长要主动走进孩子的内心，认真倾听孩子的心声，从而有的放矢地给予孩子更有效的帮助。

1. 父母不重视我的体育成绩。

爸爸妈妈总是会被其他家长误导，认为体育中考不重要，随便训练就可以了。当我因为加强体育训练而回家比较晚时，他们总说我是在浪费时间，抓不住重点。父母的不重视、不理解严重影响了我备考、迎考的信心。希望父母能正确看待我的努力和付出。

2. 希望给我放松的空间。

九年级繁重的学习压力已经让我没有时间参加娱乐活动了。有时放学回到家，我真的就想趁机放空自己，缓解一下紧张的情绪。可是，每当看到我出现这样的状态时，妈妈总会毫无缘由地催促我看书、学习。这让我感到很压抑。希望妈妈给我一点空间和支持。

3. 信心不足，需要陪伴。

爸爸妈妈每天都忙于工作，很晚才回到家。独自面对中考的我，有时候真的觉得很孤单。每天放学后，我还要进行高强度的体育中考项目训练，这对一个女生来说是极大的挑战。我真的希望当我拖着疲惫的身躯回到家时，爸爸妈妈能给予我应有的关爱和陪伴，而不是让我一个人待在空荡荡的房子里，既难过，又无助。

4. 临近考试精神焦虑，无处宣泄。

作为一名九年级学生，眼看着离中考仅有 100 天了，我的心情变得烦躁，因为我的体育成绩一直都不是很好。班里的很多同学都能拿到满分或接近满分，而我只能拿到 30 多分，偶尔也可以拿到 40 分。与同学们相比，我感觉自己在即将到来的体育中考中会和同学们产生较大的差距，这让我感到很焦虑。而父母长年在外地工作，极少有沟通的机会，爷爷奶奶也无法理解我的情绪感受。这让我如何是好？

5. 害怕爸爸妈妈把工作上的负面情绪带回家。

进入九年级，学业压力和同学们“你追我赶”的学习氛围让我日益紧张。出于对我的了解，爸爸妈妈并没有过多地干涉我的学习，而是默默地在背后支持我。我很感谢父母对我的信任和包容。可有时候，妈妈会因为工作上的不顺心而与爸爸发生争吵，这让我本就紧张的情绪变得更加起伏不定。希望父母能主动考虑我的存在，为我冲刺中考营造良好的家庭氛围。我不希望父母成为我额外的压力。

对九年级的孩子来说，家长是他们在备考和迎考过程中最坚强而温暖的后盾。因此，在家庭教育过程中，家长应该主动体谅孩子的心情，积极为孩子营造温馨、和谐的家庭氛围，并给予孩子足够的信任和支持，让孩子感受到家庭的温暖。在孩子需要帮助的时候，家长可以向相关的专业人员寻求帮助，让孩子在专业的指导下顺利地渡过难关，从而不断突破和超越自我。

常言道：各尽其能，各司其职，各得其所。孩子要全身心地投入学习，就必须有强健的体魄；而在家庭生活中，家长作为孩子可依靠的坚实臂膀，应该给予孩子应有的安全感。只有孩子与家长各尽其能、各司其职，才能营造和谐、友好的家庭氛围。尽管在相处的过程中，孩子会给父母带来满意和不满意、高兴和苦恼、忧愁和欢乐、疑惑和诧异、宽慰和愤怒等对比鲜明的感受，但作为家长，我们要善于理解这种情绪表达的积极意义，主动换位思考，从而真正地理解孩子的情感表达，并给予孩子更多的肯定和鼓励，让孩子在父母的关爱下不断成长、进步，进而实现自己的人生目标。

实施指南

面对孩子在九年级的运动和健康状态，家长应该主动分析孩子在这一阶段的身心发展特点和实际需求，正确看待孩子的成长变化，而不应该陷入自我焦虑，变得不知所措。我们建议家长从营养健康、心理暗示、营造良好的家庭氛围等方面入手，帮助孩子在生理和心理上保持良好的状态，从而更好地应对高强度的学习与思维压力。

◆ 策略一：从营养饮食、积极暗示等方面帮助孩子接纳和关爱自我，提升体能素质。

随着国家经济社会的持续健康发展，青少年营养不良的状况已得到持续改善，中度以上的营养不良现象基本不存在，但在较大范围内由于饮食习惯不合理造成某种营养元素缺乏的情况还比较普遍。这在很大程度上影响了孩子的生长发育和运动健康。充足的营养是青少年生长发育和运动健康的基础。九年级孩子处于迅速成长发育的阶段，必须摄入和吸收足量的各种营养元素。在各类营养元素中，足够的热量和优质蛋白、铁、钙、维生素以及适量的微量元素尤为重要。进入九年级，为了能在体育中考中取得理想的成绩，孩子需要加大运动量对相关项目进行针对性训练。与以往相比，孩子在这个时期会消耗更多的能量，所以需要及时补充相应的营养物质，以便在提升体能的同时更有助于保持充沛的精力，促进学习成绩的提高。

相关研究结果显示，进食混合膳食引起的胰岛素反应和膳食蛋白质供给，有利于促进肌肉蛋白质的合成。在进行力量训练时，适当补充蛋白质及碳水化合物能够为肌肉的生长提供所需的原料及环境，在较短时间内快速提高学生的体能素质。因此，科学的力量训练与合理的营养补充相结合是提升孩子肌肉力量的有效办法。此外，补充营养也能辅助提高孩子的心肺功能。相关医学研究结果已经证实，在运动中适当饮用运动饮料有助于及时补充运动中消耗的能量、矿物质、维生素，以及丢失的水分，能延缓身体的疲劳，促进人体较快地恢复活力，从而保持精力充沛的状态。

然而，在实际生活中，家长们由于过度关注营养缺乏的状况，而忽视了营养过剩对孩子成长发育和运动健康的影响。自 1985 年以来我国开始进行全国青少年体质健康调查，结果显示我国城乡学龄青少年超重率和肥胖率均逐年上升。与此同时，孩子的肺活量、速度、力量等与运动水平直接相关的参数也呈现大幅度下降趋势。这与不合理的饮食结构中糖类和脂肪的摄入过多有密切关系。

因此，在家庭教育过程中，家长要主动学习营养健康的专业知识，并结合孩子的生长发育状况和运动水平制订科学、合理的饮食规划。这就既保证了九年级孩子充足的营养，也避免了营养过剩带来的反效果，让孩子循序渐进地提高体能素质，从而更好地应对各项体育运动训练的挑战，进而在体育中考中取得令自己满意的成绩，并以更加积极向上、奋发前进的姿态迎接文化科目中考。

◆ 策略二：顺应九年级孩子学习和备考特点，积极营造良好的家庭氛围。

父母是孩子最好的老师，家庭是孩子健康成长的基石。家庭状况对孩子的成长有着重要的影响。良好的家庭氛围可以培养孩子积极向上的心态，让孩子能够更从容地应对在九年级的日常学习和备考冲刺中遇到的困难和挫折。然而，有的家长认为孩子的学习成绩与家庭氛围无关，完全取决于学校的教育和孩子自身的努力。这是家长在家庭教育中的典型误区。

大量的研究结果显示，和谐、美好的家庭氛围能有效地促进孩子的健康发展，为孩子创造温馨的学习和成长环境。为了营造良好的家庭氛围，家长首先要建立和谐的家庭关系，这主要包括：良好的夫妻关系、平衡的婚姻格局、正确的家庭关系排序。家长只有正确认识家庭关系对孩子健康成长的重要性，才能真正懂得如何为孩子创造适合孩子健康成长的家庭环境。为此，家长可以从下列表格中获得一定的启发。

家庭关系对孩子健康成长的重要性①

成长密码	具体表现
有好的夫妻关系才有好的亲子关系	◊ 在各种关系里，毫无疑问夫妻关系是核心 ◊ 父母双方任何一方与孩子的关系过于密切，孩子则有可能要么被娇生惯养，要么被过度干涉
平衡的婚姻格局对孩子成长有益	◊ 在夫妻关系不平衡的婚姻格局下长大的孩子大多缺少心理缓冲空间 ◊ 平衡的婚姻格局能激发孩子的动力，使孩子幸福感更强，压力更小
三代同堂家庭，夫妻关系也要排第一位	◊ 夫妻才对这个家庭的生活、养育最有发言权 ◊ 很多家庭里夫妻常常最没有地位，上要听老的，下要听小的，唯独没有自己 ◊ 如祖辈关系排第一位，易导致祖辈过多干涉对孙辈的教育

和谐的夫妻关系是良好家庭氛围的基础。当夫妻关系处于融洽状态时，孩子也会处在积极的心理状态，不易走向极端。对九年级孩子来说，融洽的父母关系能够让他们更好地投入学习和体育中考的备考中，同时父母还要为孩子提供科学的营养保障和适度的心理关怀。

① 朱永新、孙云晓、孙宏艳主编《这样爱你刚刚好，我的九年级孩子》，湖南教育出版社，2017，第 25 页。

在实际生活中，我们经常发现部分青春期的孩子会比较胆怯或急躁。这与父母营造的家庭氛围有着密切的关系。孩子之所以会出现这样的情况，通常是因为父母在家庭中的关系不融洽。在家庭生活中，争吵甚至家暴的行为，会让孩子形成胆小、畏缩或急躁的性格特点。这不利于孩子应对成长的考验和挑战。以体育运动为例，胆小、畏缩容易让孩子产生畏难情绪，同时更加害怕失败，不敢挑战和突破自我，进而无法提高自己的体能素质；而急躁让孩子变得没有足够的耐心，在遇到挫折或失败时难以正视自己，从而陷入暴躁的情绪中，找不到前行的方向。

因此，在家庭教育过程中，父母要注意控制自己的情绪，正确处理夫妻间的关系，建立和谐、友好的家庭关系，为孩子树立良好的榜样，同时避免在家庭中出现相关的暴力行为。只有这样，孩子才能主动而勇敢地克服自己在学习和备考中所遇到的困难和挫折，并在不断成长中塑造良好的品质。

鼓励孩子运动的有效话语

①爸妈陪你一起锻炼，咱们比比看！
②放弃可以找到一万个理由，坚持只需一个信念！
③尽管运动进展不快，但也总比没运动好！
④只要从骨子里热爱，在哪儿练都是王者。
⑤想要身材好，就努力锻炼，想要的生活自己争取。
⑥注意身体，多运动，健康才是无价的！
⑦运动流汗会让心情变好是有根据的哦！
⑧这么漂亮的衣服，你穿上了它，一定很好看。
⑨做一个热爱运动的美少年，积极锻炼萌萌哒。
⑩有时候疼痛是身体给你的回馈，快乐也是。
⑪哪有什么天生如此，只是我们天天坚持。
⑫发现你笑得越来越甜了，真的很好，多笑笑，我们都不怕甜。
⑬你的自觉上进让老师和家长感到欣慰。
⑭这个办法真好，我们来试试，看你的想法到底对不对。

由此可见，面临巨大的升学压力，九年级的孩子更加需要和谐、美好的家庭氛围。在这样的家庭环境中，孩子才能以更好的精神状态投入学习和体育运动训练中，并积极地在成长过程中不断超越自己，体会成长的乐趣。

◆ 策略三：顺应孩子的具体特点，对孩子的体能训练状态合理期待。

人的身体状况和运动水平虽然在一个时期内会保持相对稳定的状态，但在内外力的影响下也会出现一定的波动。通常来说，维持自身稳定的能力越强，则人的运动水平在特定状态下受到内外力的影响就越小。为了让家长更清晰地认识孩子的运动状态和特点，我们把孩子在体育中考中的常见表现归纳为三大类。

1. 运动成绩出色的孩子。

这类孩子有较高的运动天赋，能轻松在体育中考的测试中获得满分。当然，体育中考测试并非纯粹意义上的竞技体育，经过科学和系统的训练，有些孩子也能达到体育中考测试的满分要求。

对于这类孩子，家长需要密切关注孩子的身体和心理状态，引导孩子养成良好的心理素质，重视日常的训练，保持稳定的体能素质，并在能力范围内尝试进行自我突破。在条件允许的情况下，家长可以通过营造不同的考试氛围让孩子进行模拟测试，提高孩子的临场应变能力，降低心理波动和其他外在因素对孩子的影响。必要时，家长也可以向专业的体育运动与健康心理专家寻求帮助，避免孩子因心理问题而造成成绩波动。

2. 运动成绩中等及以上的孩子。

这一类孩子的运动成绩仍然有上升的空间。通过努力补齐短板，孩子依然能在体育中考中获得比现有水平更高的成绩。对这些孩子来说，他们需要的是以鼓励为主的心理疏导。在体育中考的备考中，有的孩子常常会因为成绩提高不明显，而变得烦躁、沮丧。这不利于孩子在考试中发挥出自己的正常水平。

因此，对于这类孩子，家长除了指导孩子制订补齐短板的提升计划，还应在日常沟通中积极营造轻松、缓和的气氛，帮助孩子正确看待自己的运动能力和运动状态，激发孩子不断突破自我的信心，点燃孩子对体育中考的希望，不断进行自我提升。总之，家长要在计划上从严安排，在心理上帮助放松，并及时肯定孩子的细微进步，让他自信地朝着既定的方向不断发展、进步。

小贴士

根据体育中考的评分标准，考试时仰卧起坐动作错误是不算个数，也不计入总成绩的。因此，家长在家可以录制孩子做仰卧起坐的视频，并与孩子共同判断所做的动作是否标准，帮助孩子提高得分率。

3. 运动成绩较差的孩子。

这类孩子主要分为两种情况：一是受先天身体素质的限制，导致运动水平提升空间不大；二是即使临近考试，仍然没有认识到体育中考的重要性。为了更好地帮助孩子在考试中取得令人满意的成绩，家长必须充分分析孩子运动成绩不理想的原因，并结合孩子的性格特点和运动能力，给予孩子针对性的建议和指导。

对于第一种情况的孩子，家长要坚持不放弃的态度，在不设置硬性目标、降低心理预期的前提下，鼓励他们持续进行相应的体育运动项目训练。如果条件允许，家长还可以根据孩子自身的实际情况，寻求专业运动辅导，并在身体健康的前提下通过长期反复练习，尝试提高某一个运动项目的成绩。这样既能增强孩子对体育中考的信心，也能缓解紧张的文化科目学习所带来的压力。对于第二种情况的孩子，家长应该通过有效的亲子沟通帮助孩子正确看待体育中考的重要性，端正孩子的备考态度，唤起孩子对运动的兴趣和热情，要绝对避免使用打骂等粗暴手段，不要让孩子因为家长的粗暴对待而对运动产生更加反感的情绪。

只有辩证地分析孩子的特点，调整自己教育孩子的心态和方法，家长才能更好地引导孩子重拾对体育中考的信心，从而更积极地投入体育中考运动项目的训练中，努力为自己赢得更为理想的成绩。

小贴士

家长一定要关注孩子在九年级，尤其是临近体育中考时的身体状况。如果孩子有伤病，家长不要一味勉强孩子。按照现行体育中考政策，考前有伤病的考生及有特殊生理原因的考生可要求缓考，由考点统一上报名单，在正式考试日期后择期安排一次集中补考。残疾考生凭残疾证和学校证明，经鉴定确实丧失运动能力的，报教体局审核，运动技能测试成绩按60%计分。

◆ 策略四：积极寻找专业的外部援助，给予孩子正确的引导。

体育中考虽然不是专业的竞技性体育比赛，但是对孩子的生理和心理也有较为明确的要求。为了帮助孩子更好地迎接体育中考，家长应积极地寻求专业的外部援助，提高孩子对中考体育运动的认识。

1. 运动技术层面的专业化指导。

在九年级的体育中考备考过程中，面对孩子的运动成绩不佳或提高速度较慢的情况，大多数家长因为缺乏专业的体育运动与健康知识，或者对孩子的体育训练进行盲目的指导，或者对如何提高孩子的体育运动成绩感到不知所措。

家长这时候除了可以给孩子提供合理的营养膳食、鼓励孩子积极参加训练，还可以根据孩子的弱势项目主动向学校体育老师或校外社会体育专业人士寻求帮助，制订科学的提升计划，让孩子在专业老师的指导下及时调整自己的训练方式，有针对性地强化相关专项训练，增强孩子对体育中考的自信心，从而帮助孩子提升自己的运动成绩。当然，在给孩子“开小灶”时，家长要确保不影响正常的文化科目，以及学校原本的运动训练安排，同时还要征得孩子的同意和认可，切不可忽视孩子的实际情况和感受，以免适得其反。毕竟并不是所有的孩子都需要聘请“私教”，也不是所有的“私教”都能给予孩子实质性的帮助。

此外，家长还要特别培养孩子独立解决问题的能力，以更积极的心态面对自己在训练过程中遇到的困难和挫折，并指导孩子在强化专项训练的同时，也要注重整体的平衡发展与进步，避免出现顾此失彼的情况。

小贴士

50 米跑测试学生速度、灵敏度和神经系统灵活性的发展水平；800 米跑测试学生耐力素质的发展水平，特别是心血管和呼吸系统功能及肌肉耐力的发展水平；立定跳远测试学生下肢爆发力和身体协调能力的发展水平；引体向上测试学生上肢肌肉力量的发展水平。

2. 心理层面的专业辅导。

在体育中考时，有的孩子常常因为紧张或受到其他场外因素的干扰而发挥失常。有的孩子甚至会因为过度焦虑而在考试前出现失眠、腹泻等现象，导致在考试中不能发挥自己的正常水平。这让很多家长感到困惑和苦恼。

针对孩子出现的上述情况，家长可以在适当的时机向相关的心理咨询师寻求帮助，鼓励孩子正视自己的不足，并在实际考试中及时调整自己的心态和情绪，学会舒缓考试压力，让自己能理性、客观地看待体育中考。当然，家长在选择心理咨询师前一定要充分了解和分析孩子的心理状态，从而有目的地进行干预。只有这样，孩子才能在专业的心理指导下逐渐克服心理障碍，更好地应对体育中考的考验，从而获得理想的体育中考成绩。

3. 保持和学校及老师的经常性沟通。

对九年级的孩子来说，他们待在学校的时间会更多，并且绝大部分时间，孩子都在与老师进行交流。因此，家长在寻求专业化指导的同时，也不应把学校抛在脑后，而是应该主动支持学校和老师的教育。这就要求家长遵循学校为孩子们制订的总体训练要求，让孩子在日常的训练中找到自己的定位，确立自己的目标。此外，家长要时常与学校及老师进行沟通，了解孩子的成长动态，并及时监测和评估孩子的身体健康状况，从而采取有效的措施更好地帮助孩子。针对孩子的体育弱项，家长可以引导孩子按照下表列出的建议进行强化，每周坚持至少五天，并记录孩子的完成情况。

家庭亲子体育训练建议表

序号	项目	要求
①	跳楼梯（3 层楼）	单脚 2 ～ 3 组，双脚 4 ～ 6 组
②	跳绳	30 秒 ×6 组，1 分钟 ×3 组
③	组合跳	纵跳 10 次，收腹跳 10 次，空中摸脚尖 10 次，6 组
④	仰卧起坐	负重 5kg，30 秒 ×3 组或 60 秒 ×2 组；背起 30 秒，3 ～ 5 组
⑤	两头起	20 个 / 组，4 ～ 6 组
⑥	俯卧撑	20 个 ×5 组

生命在于运动，健康离不开运动。作为家长，我们可以根据孩子的个性特点，制订合理的训练计划，积极地引导孩子参加体育锻炼，但不要让孩子进行超负荷的训练。正所谓："体者，载知识之车而寓道德之舍也。"健康的体育运动能给予孩子积极向上的心态，有利于提高孩子应对挫折的能力，为孩子全身心地投入学习提供有效的保障。

家庭的体育教育与学校的体育教育应该是互补的关系。学校的体育教育是保证孩子正常的体育训练量、让孩子养成良好的体育运动习惯的重要途径。而家长在进行家庭的体育教育时，可以根据孩子的个性特点有目的地选择对孩子有帮助的训练方式，从而满足孩子的个性化需求，不断激发孩子对体育运动的兴趣，让孩子更加全面地提升自己的体能素质，并以更积极、勇敢的姿态迎接体育中考，为实现自己的人生理想增添力量。

延伸拓展

一、阅读推荐

>>> 1.《合理吃动，健康体重——儿童肥胖健康教育读本》(主编：王海俊、钮文异；出版单位：北京大学医学出版社)。

理由及建议：本书针对儿童肥胖的问题，分为女生版和男生版，从“健康体重的好处”“体重的测量和判定”“如何达到健康体重”“快乐运动”“远离屏幕”“不喝含糖饮料”“不过量饮食”“少吃高能量食物”以及“坚持最重要”九个板块，采用通俗易懂的文字、形象的卡通图片，准确、简要地呈现知识要点。通过阅读学习本书内容，家长可以引导学生养成健康的饮食和运动行为习惯。

>>> 2.《运动与营养》(主编：常翠青；出版单位：新华出版社)。

理由及建议：本书阐述了如何通过科学的运动及合理膳食达到促进健康的目的，并就不同生理阶段和不同身体状况的人群合理膳食给出建议。此外，本书以通俗易懂的语言介绍了有关运动的基本知识、各种营养素在运动中的作用。家长可以尝试参考其中的方法及建议。

>>> 3.《青少年体态与健康》(编著：林文弢、王春阳；出版单位：科学出版社)。

理由及建议：针对目前教育者、家长和被教育者普遍缺乏体态知识的状况，本书对青少年体态常见问题及形成原因进行深入剖析，宣传不良体态的危害，并对具体问题进行分类，提供运动矫正方案。书中的这些内容值得家长借鉴、参考。

二、视频推荐

《夺冠》(外文名：*Leap*)

理由及建议：影片讲述了中国女排从1981年首夺世界冠军到2016年里约奥运会生死攸关的中巴大战的历程，诠释了几代女排人历经浮沉却始终不屈不挠、不断拼搏的传奇经历。它传递的体育精神有着与时俱进的品质，能够帮助孩子以一个科学的、专业的、开明的、尊重个体自由和价值的胸怀看待体育，促进孩子不断拼搏向上。

评估改进

一、自我评估

判断家长是否能有效帮助孩子提升体能的10项重要指标

您在日常生活中的实际情况与下面列出的表现是否相符？若相符，则选“是”；若不相符，则选“否”。

	是	否
①我认为孩子在九年级的学习压力下依然有坚持经常运动的必要。	□	□
②我会教育孩子经常运动有助于改善体力与精力，缓解当前高强度文化课备考造成的心理压力。	□	□
③不管孩子考多少分，我都会劝他要保证足够的休息时间。	□	□
④在给孩子准备膳食时，我非常注重营养搭配。	□	□
⑤我经常向孩子表露自己对他的体育锻炼能力有信心。	□	□

	是	否
⑥我或其他家人经常陪伴孩子运动。	□	□
⑦为更好地帮助孩子，我主动学习体育中考的标准和动作规范。	□	□
⑧我会跟体育老师征询建议，不盲目地给孩子购买体育设备。	□	□
⑨孩子愿意和我分享他的身体状态变化情况。	□	□
⑩我总是赞美孩子的优点，不过多对孩子的体形和外貌进行批评。	□	□

【评估参考】如果您选择“是”较多的话，说明您给孩子提供了良好的九年级运动支持，为孩子体能训练和健康维护创造了良好的家庭环境，请继续发扬！反之则说明您在运动健康方面给孩子的助力不够或方式不当，需要改变自身观念，通过科学计划、信心助力和有效陪伴，为孩子提高运动能力增添动力。

二、改进计划

亲爱的家长，您好！阅读本专题后，您应该对在运动健康方面如何帮助和陪伴九年级的孩子有了更全面的理解。下面请您结合实际情况，写出自己的改进计划，并逐项完成。

第二专题　助学有道，帮助孩子学而有成

九年级是一个全方位考验孩子的阶段。中考成了九年级的关键词。进入九年级，孩子既要有良好的体能基础，以便迎接体育中考；又要保持良好的学习状态，以便应对文化课的学业挑战。无论是体育中考，还是文化课中考，成绩都成了家庭亲子沟通不可逾越的重要话题。

然而，在实际生活中，有的家长往往只关注孩子的成绩，而忽视了孩子的学习过程。尤其在孩子学而低效、学而无助的时候，有的家长没能给予耐心的引导和有效的援助，反而对孩子进行严厉的斥责或抱怨，让孩子陷入恐慌、惧怕、身心俱疲的状态，有些孩子甚至出现自暴自弃的消极状态。这使得亲子冲突愈演愈烈，甚至一发不可收拾。

因此，作为家长，我们要对孩子的学习有清晰、正确的认识，并结合孩子的个性特点，遵循科学的学习方法，积极地与孩子共同探讨并制订符合实际的学习规划，明确学习目标，同时也为孩子的学习提供有效的帮助，建立融洽、友好的亲子关系，从而让孩子在获得进步的同时，不断突破和超越自己，进而促进自我的成长。

案例分析

在九年级的第一次毕业班家长会上，班主任为家长解读了中考升学的政策，将近一半的孩子将无法就读普通高中。家长对此感到吃惊，同时又陷入深深的焦虑中。家长会结束后，家长纷纷向班主任诉说自己心中的苦恼。

案例一：基础弱，状态差。

小明基础薄弱，对学习总是一副漫不经心的样子。进入九年级，课程难度不断增大，听课成了小明在学习上遇到的一大障碍。于是，小明经常在课堂上打瞌睡，课后又不主动完成练习，考试成绩总排在班级的末尾。对此，小明的父母感到很着急，总是忍不住批评小明。每次父母一提到与学习相关的话题，小明就会很反感，甚至出现放弃上学的行为。这让小明的父母很无奈。

案例二：成绩中等，且波动大。

悦悦是一个成绩中等的孩子。上课时，悦悦能认真听课；课后，她也能按照老师的要求及时完成练习，并进行复习。虽然悦悦很努力地学习，经常看书直到很晚才睡觉，但是每一次考试的成绩都不怎么理想，提升速度也比较缓慢。对此，悦悦的父母感到很郁闷：为什么勤奋换不来成功，付出得不到回报呢？

案例三：太偏科，难扭转。

晓峰是一个典型的“理科男”，数学、物理、化学的成绩都很不错。可是一提到语文、历史等学科，晓峰就觉得头疼不已，甚至有过“放弃人文学科，专攻理工学科”的想法。晓峰的爸爸、妈妈深知偏科对孩子全面发展的负面影响，他们也尝试改变孩子对人文学科的态度和认识。但是他们没有找到合适的指导方法，所以感到很迷茫。

案例四：学习能力强，但内心脆弱。

进入九年级，甜甜的平时成绩一直名列前茅。但是，在最近几次的考试中，甜甜因为频频失误而没有取得理想的成绩。成绩的连连退步让甜甜的情绪极不稳定，要么自己一个人躲在房间里哭，要么一个人在座位上发呆，失去了往日的斗志。看着甜甜这样的状态，爸爸、妈妈感到很无力，一时间不知该如何是好。

案例五：有理想，难协调。

昊昊的父母特别重视孩子的教育，他们始终觉得教育就是最好的投资，再难也不能亏待孩子。自从昊昊进入九年级，为了帮助孩子提高学习成绩，父母总会把昊昊的课余时间安排在学习上，甚至周末还让昊昊做 2～3 套中考模拟。之后，昊昊才能获得短暂的娱乐时间。可就算如此，昊昊的学习成绩还是始终提不上来。这让昊昊的父母很是忧虑。

从上述九年级孩子的家长的苦恼中，我们不难看出：面对中考复习，孩子的情况差异很大，背后的原因也各不相同。因此，我们要想帮助孩子就需要找到孩子问题的症结，对症下药、因材施教，才能真正帮助孩子解决问题。经综合分析，我们发现孩子在九年级学习成绩难以提升的原因大致可归结为以下六个方面。

1. 长期缺乏学习欲望和动力。

作为家长，我们很容易过度地关注孩子外显的成绩，而忽略了对孩子学习内驱力的激发与培养。孩子的内驱力才是通往未来世界的一扇门。当无法打开这扇门时，孩子就无法走向未来。同时，家长想给予孩子的东西也无法完全发挥作用，从而家长只能忧愁地站在孩子身边，着急又无奈。而孩子由于年龄及阅历的限制，并不能完全自觉主动地认识今天的学习和自己未来生活之间的联系。这使得孩子的思维仍更多地停留在当下，还不能为了自己看不见的未来而心甘情愿地放弃眼前的享乐，孩子看到的是眼前，从而出现怕苦、怕累，甚至不愿学习的现象。

判断孩子学习动力是否足够的 6 个维度

您孩子的实际情况与下面列出的表现是否相符？若相符，则选“是”；若不相符，则选“否”。

	是	否
（1）注意力易分散		
①学习时易受各种内外因素干扰。	□	□
②对学习以外的事更有兴趣。	□	□
（2）逃避学习		
③一碰到作业难题就退缩或放弃。	□	□
④常找各种理由不学习。	□	□
（3）厌倦学习		
⑤故意弄丢作业或损毁学习用具。	□	□
⑥一谈学习就容易情绪激动。	□	□
（4）缺乏自尊心与自信心		
⑦对学习不以为意。	□	□
⑧会因为学习难度增加而逐渐自我放弃。	□	□
（5）无成就感		
⑨学习成绩总是提不上来。	□	□
⑩作业不会的总是比会的多。	□	□
（6）无计划无目标		
⑪不主动学习。	□	□
⑫家长或老师布置的学习任务才勉强做。	□	□

【评估参考】如果您选择“是”较多的话，说明您的孩子目前学习动力还不够强，需要您加以引导和培养。家长可以根据具体的问题和孩子交流，从而判断选项内容是否符合孩子的真实情况，也可以和教师进行沟通，了解自己孩子学习动力不足的真正原因。

2. 长期没有养成良好的学习习惯。

我国著名教育家陈鹤琴说：“人类的动作十分之八九是习惯……但是习惯不是一样的，有好有坏。习惯养得好，终身受其福；习惯养得不好，则终身受其累。”对一个勤奋好学的孩子来说，如果家长强迫他停止学习去玩游戏，他反而觉得不习惯。同样地，对一个具有独特个性的孩子来说，如果家长强迫他停止发展自己的兴趣特长，他就会觉得父母不了解其个性特点，更不尊重其对人生的选择和追求。其实，孩子建立良好学习习惯的关键期是在孩子刚开始学习的时候。然而，有的家长或忙于工作，或不以为意，或缺乏耐心，或指导孩子学习的方法简单粗暴等，从而错过了培养孩子学习习惯的关键期，导致孩子出现学习注意力不集中、课后练习完成率不高、缺少学习计划和动力等不良习惯。因此，作为家长，我们要认识到去除不良习惯的唯一办法就是培养好习惯。如果家长错过了孩子良好习惯形成的关键期，那么请一定要抓住九年级这个关键的冲刺阶段，结合孩子的成长特点，有针对性地引导孩子及时做出相应的改变。

判断孩子是否养成良好习惯的 15 个重要指标

您孩子的实际情况与下面列出的表现是否相符？若相符，则选“是”；若不相符，则选“否”。

	是	否
（1）预习习惯		
①主动自觉预习。	□	□
②能标注出学习重点。	□	□
③能提出问题。	□	□
（2）听课习惯		
④专心听讲，不开小差。	□	□
⑤做好笔记，标注重难点。	□	□
⑥积极思考，参与互动。	□	□
（3）提问习惯		
⑦敢于提问。	□	□
⑧打破砂锅问到底。	□	□
（4）作业习惯		
⑨书写规范，卷面整洁。	□	□

	是	否
⑩认真审题，独立完成。	□	□
⑪仔细检查，及时订正。	□	□
（5）复习习惯		
⑫及时复习，当日问题当日清。	□	□
⑬能梳理新旧知识之间的关系。	□	□
（6）限时习惯		
⑭完成学习任务前会做好时间规划。	□	□
⑮在限定时间内完成学习任务。	□	□

【评估参考】如果您选择“是”较多的话，说明您的孩子目前已养成较为良好的学习习惯，值得继续鼓励、发扬；反之则说明您的孩子目前还未养成良好的学习习惯，家长需要和孩子沟通具体问题，一起探索解决问题的方法，也可以向相关学科教师请教，探寻在生活中加以引导与培养的可行方法。

3. 长期未找到适合的学习方法。

俗话说：“学习有法，学无定法，贵在得法。”每一个孩子都有自己的学习特点，使用适合的学习方法才是提高学习成绩的关键。如果孩子学习态度端正，学习也很勤奋，但成绩总是无法提升，那么家长就要引导孩子主动思考原有的学习方法是否适合新的学习内容以及新阶段的学习要求。

其实，学习不能用蛮力，不能用行动的勤奋掩盖大脑的懒惰。作为家长，我们要学会引导孩子适当地进行自我反思，并让孩子学会根据自身情况，不断探索适合自己的学习方法。

判断孩子学习方法是否得当的 10 条法则

请让孩子根据实际情况完成下列题目。若相符，则选“是”；若不相符，则选“否”。

	是	否
①我知道每一门学科如何学才能获得最好效果。	□	□

	是	否
②我知道不同的时段如何安排才会更好。	□	□
③在学校听课时，我注意力会很集中，总是能参与课堂互动并做好笔记。	□	□
④在家学习时，我能安静学习，不受外力干扰。	□	□
⑤在学习上遇到困难时，我会主动寻求帮助。	□	□
⑥考试时，我能合理安排时间，还能预留时间进行检查。	□	□
⑦我比较擅长时间管理，完成学习任务总是游刃有余。	□	□
⑧我有错题本，犯过的错误我会做好记录，寻找错因，建构同类题的答题模型。	□	□
⑨我擅长使用思维导图来总结知识建构知识网络。	□	□
⑩对于目前不够理想的科目，我有提升的信心。	□	□

【评估参考】如果孩子选择“是”较多的话，说明您的孩子目前已掌握了较好的学习方法，值得继续鼓励、发扬；反之则说明您的孩子目前的学习方法还需要进一步改进，您需要和孩子一起探讨，或者让孩子和教师交流沟通解决每个问题的具体方法，同时家长从中进行有针对性的协助。

4. 被其他的爱好吸引全部兴趣。

家长首先要明确不是每个孩子都能在所有领域具有天赋。他们通常会在其中某一个或某些领域很有天赋，但在其他的领域则不尽然。家长必须承认这个事实，而且我们要清楚地认识到教育不是让鱼爬树，而是让天赋发挥。比如，有的孩子想当漫画家，有的孩子想当网络作家，有的孩子想做电子竞技职业选手等。这些爱好有可能导致孩子改变自己原有的人生规划，从而造成学业成绩的波动。

作为家长，我们要主动帮助孩子发现自己擅长的领域、理解爱好与学习之间的关系，鼓励孩子在爱好与学习之间找到恰当的平衡点，并在自己擅长的领域发挥潜能。只有这样，孩子的兴趣和天赋才能得到真正的发展，最终获得成功。

5. 家庭、学校、个人等方面出现了新的状况。

处在九年级这个紧张的学习阶段，孩子的学习状态很容易受到家庭、学校、个人等众多因素的干扰。此时，一些突如其来的改变往往会加重孩子内心的负担，如家庭中弟弟或妹妹的到来、科任教师调整变化、家人或朋友突然离世、父母离异或再婚、人际关系面临挑战、某次学业测试失利等。这些新的状况会导致孩子陷入紧张、焦虑、愤怒、惶恐等负面情绪，从而降低孩子自身的心理平衡能力。作为家长，我们要敏锐地察觉孩子的行为变化，并根据孩子的心理承受能力，积极地引导孩子及时调节内心的情绪、克服心理的障碍，避免出现心理失调而引发学业上的危机。

判断孩子是否适应外界新状况的 3 个层面

您孩子的实际情况与下面列出的表现是否相符？若相符，则选“是”；若不相符，则选“否”。

	是	否
（1）学校层面		
①学校搬迁，新环境让他困扰。	□	□
②老师更换，不适应新老师。	□	□
③受到老师的批评，产生排斥，甚至厌学的心理。	□	□
（2）家庭层面		
④父母离异或再婚，让他失去安全感。	□	□
⑤新添了弟弟或妹妹，让他陷入焦虑。	□	□
⑥家人意外离世，让他感到孤独。	□	□
（3）个人层面		
⑦与同学朋友产生冲突，关系紧张。	□	□
⑧某次学业测试意外失利，让他意志消沉。	□	□

【评估参考】如果您选择“是”较多的话，说明您的孩子很容易受到外界新状况的影响，家长需要逐条分析，并在生活中给予孩子应有的关心和帮助；反之则说明您的孩子目前对外界新状况的适应能力较强，值得鼓励与发扬。

6. 家长对孩子学习的过度安排。

随着学业任务的加重以及中考的临近，孩子的学业一跃成为家长最关心的问题。在现实生活中，大部分家长容易把学习成绩作为评价孩子的唯一标尺，并对孩子的自主性持有怀疑的态度。他们先入为主地认为孩子不可能凭借一己之力合理地安排自己的学习。所以，在与孩子的沟通中，他们总会陷入“三句话不离学习”的误区，并过度地干预和安排孩子的自主学习。长此以往，孩子渐渐就失去了学习的兴趣和主动独立学习的欲望，甚至每天只是为了完成学校和家长所布置的学习任务而学习，缺少了自主的思考和探索。

判断家长对孩子学习情况关注度的 10 种表现

您在日常生活中的实际情况与下面列出的表现是否相符？若相符，则选“是”；若不相符，则选“否”。

	是	否
①我总要求孩子每科的考试成绩要达到优秀水平。	□	□
②我经常拿孩子的成绩跟别人做比较。	□	□
③我经常告诉孩子读不了好高中就上不了好大学、找不到好工作。	□	□
④我经常唠唠叨叨地催促孩子看书、写作业。	□	□
⑤我总在孩子学习的时候不放心地在旁边偷偷观察。	□	□
⑥孩子一拿起手机，我就问：“你作业做完了吗？”	□	□
⑦我经常主动安排孩子的课外自主学习计划。	□	□
⑧我经常给孩子额外布置很多家庭学习任务。	□	□
⑨当孩子学习退步时，我就很容易发火，甚至打骂孩子。	□	□
⑩我很少带孩子做除学习之外的其他事情。	□	□

【评估参考】如果您选择“是”较多的话，说明您对孩子学习的关注度过高，需要做到“松”“紧”结合，在给予孩子应有的关注和学习指导的同时，也要给孩子自主安排学习的空间；反之则说明您对孩子学习的关注度过低，需要尽快改进自己的行为方式，科学地指导孩子进行学习，而不应该放任自流。

由此可见，无论是哪一种类型的孩子，在他们的成绩背后，我们总能找到来自家庭方面的原因。家长们必须承认这一点，毕竟家庭教育和孩子的个人成长与发展是密不可分的。因此，在家庭教育过程中，家长要时常反思自己的过往行为，结合孩子的心理和生理现状，主动找到造成问题的原因，并同时与孩子共同探讨解决问题的方法，并付诸行动。只有这样，家长才能更好地助力孩子的学习，促进孩子不断健康、快乐地成长！

了解孩子

步入九年级，孩子也迎来了中考的备考和应考。面对人生的第一次“大考”，孩子的心理、生理以及学习状态会发生许多的变化，同时经受前所未有的考验。这些变化和考验往往会直接影响孩子在中考的发挥，对孩子的未来有着举足轻重的作用。

一、心理特点变化：学习压力陡然加大。

进入中考的备战状态，孩子不可避免地要应对方方面面的压力。比如，来自学校的压力，主要有从不间断的考试、永不上升的成绩、总刷不完的练习题等；来自家庭的压力，主要包括从不离口的成绩、从早到晚的唠叨、一点就着的争吵等；来自个人的压力，主要体现在听不懂的课、写不出的题、睡不着的夜、达不到的梦想等方面。总之，在与九年级孩子的沟通中，我们最常听到这句话：我，太难啦！

二、学习特点变化：思维能力空前提高。

九年级孩子在思维的广度和深度上都有了明显提升，并趋向定型。这时候，孩子的观察力也逐渐接近成年人的水平，理解记忆占主导地位，思维对象大为扩展。这使得孩子的思维变得更加活跃、思考问题更加广泛，思维活动已具备具象化概括的水平。进入九年级，孩子对自己的理想和未来有了更为清晰的认识。他们希望与家长、老师平等地讨论问题，而不再满足于单纯地接受成年人给予的现成结论。但他们解决问题的方式还比较单一，容易陷入极端的状态，容易以偏概全，有时甚至会比较偏激和固执。可见，随着年龄不断增长，九年级孩子少了初中前两年时的轻松与幼稚，多了一些思考、焦虑，以及对未来世界的期盼与憧憬。在这样的蜕变中，孩子们也会有很多迷茫和挣扎。

因此，作为家长，我们要充分了解孩子在这个成长阶段的变化，充分理解孩子的内在需求，从而根据孩子的实际情况，给予孩子更多的支持和鼓励，让孩子在家庭的关爱和陪伴下不断突破和超越自我，为实现自己的人生目标努力奋斗！

站在九年级这个人生转折点，孩子们常常有许多心事想对父母诉说，可话到嘴边又不敢轻易地表达。作为父母，我们应该主动了解孩子的真实想法，认真倾听孩子的心声，了解他们的内在需求。

斗志昂扬型

勇于承担：看到不理想的成绩时，我虽然也会感到失落、难过，但是我敢于承担这样的失败。在我看来，这是对我的考验。只要我真正付出了努力，无论结果如何，我都会欣然笑对。

相互勉励：在中考备考的这段时间里，我很感谢父母对我的理解和包容。你们的支持与鼓励让我获得了不断前行的力量，让我在逆境中越挫越勇。我一定会以最好的状态迎接即将到来的中考。请你们放心！

精神紧绷型

焦虑烦躁：在学校时，面对各个科目的轮番考试，我早就身心俱疲了。可我回到家后，爸爸妈妈还会不停地唠叨。这让我既焦虑，又烦躁。我该如何是好?

痛苦煎熬: 为了更好地应对繁重的学业压力，我已经很努力地调整自己的心态。但是有时候，爸爸总会不自觉地在家里发泄自己在工作上的负面情绪，甚至还会与妈妈争吵。这样的家庭气氛让我时常陷入痛苦的煎熬中，久久不能平静。

渴望解脱: 九年级的学习要求太高了，我有点撑不住了。每当看到自己的成绩时，我都会感到无比慌乱。这样的日子何时才能结束?

丧失信心型

失去动力: 父母总希望我能考上重点高中，可我的学习能力和水平根本无法实现这个目标。我想我再怎么努力都考不上重点高中。既然我无法达到你们的要求，那就这样吧。社会上“搬砖”的人那么多，为什么不能算我一个?

信心崩塌: 希望爸爸妈妈不要总是使用否定的语言与我交流，这让我压力很大。我虽然不是优秀的孩子，但是我真的很努力了，可你们不经意的一句怀疑或抱怨就会把我打入无底的深渊。

寻求改变型

期待陪伴: 中考越来越近了，我希望爸爸妈妈回到家后不要总忙于工作或玩手机。我其实很紧张，需要你们的关心和陪伴。你们哪怕是不经意地往我书桌上放一杯热水，我都会因为感受到你们的温暖而充满力量。

纠正言行: 爸爸妈妈，我知道你们很辛苦。有时候，我会因为在学校遇到不如意的事而对你们发脾气。可是，在发泄自己的情绪后，我又感到深深的后悔和愧疚。我以后一定控制自己的情绪，认真改正这些不良的言行。请你们相信并监督我。

教育是一群不完美的人带着另一群不完美的人一同走向完美的过程。作为家长，我们要有承认自己不够完美的勇气，保持终身学习的姿态，努力把孩子的每一次挑战都变成一次自我成长的机会。家长与孩子共同成长，才是促进孩子成长的最好秘诀！此外，我们还要经常性地站在孩子的立场上思考问题，进一步规范自己的言谈举止。同时要适当放低自己威严家长的姿态，以朋友的身份主动与孩子沟通、交流，真正走进孩子的内心，形成和谐、温馨的亲子关系，成为孩子的九年级成长路上的“知心人”。

实施指南

进入九年级，孩子既要面对体育中考的高强度训练，又要兼顾文化课的学习。这是一个充满挑战和考验的阶段，同时也是孩子获得真正成长的契机。作为家长，我们要抓住这个教育契机，学会审时度“势”，顺“势”而为，助力孩子在学习中不断进步。为此，家长可以采用以下策略指导自己在家庭教育中的行动。

◆ 策略一：顺应孩子的身心发展趋势，循序渐进地促进孩子的学习。

1. 继续强化好习惯的养成。

研究结果表明，大脑构筑一条新的神经通道需要 21 天的时间。所以，经过 21 天以上的重复训练，人的行为暗示就会形成习惯；而再经过 90 天以上的重复，这个习惯会变得稳定。事实上，习惯的形成主要分为三个阶段，具体如下表所示。

阶段	时间	孩子表现	家长应对
第一阶段	1～7天	表面被动开始新习惯 （不舒服、烦躁、对抗）	咬紧牙关，坚持下去 （最艰难时期）
第二阶段	7～21天	心里开始主动接纳新习惯 （比较舒服、自然）	会有进步，也有反弹 需要继续强化坚持 （阶段性胜利时期）
第三阶段	21～90天	认同内化新习惯并完全融入 （习惯成自然、富有成就感）	欣喜，满足 （胜利时期）

因此，在家庭教育中，家长不仅要了解孩子的成长特点，而且要掌握行为习惯的形成过程，不断强化孩子在学习上的良好习惯，从而有的放矢地指导孩子进行九年级的学习。

2. 从难度比较小的训练开始。

在进行习惯训练时，家长应该首先选择难度比较小且孩子易于完成的事情。比如，在学习专注的习惯上，家长可以引导孩子从限时训练做起，训练时间也逐渐地由少变多。通过循序渐进的训练，家长可以不断激发孩子的成就感，及时鼓励孩子的每一次进步，让孩子在进步中不断学会坚持。与此同时，家长还要注意避免使用“一口吃成胖子”的做法，不要让执行难度陡增，以免增加孩子的挫败感。

3. 保持高质量的鼓励与强化。

进入九年级后，孩子确实难以改变业已形成的习惯，但亡羊补牢，为时未晚。因此，在家庭教育过程中，家长要注意观察孩子的行为变化，及时抓住教育契机，用高质量的鼓励引导孩子不断调整学习方法，强化好习惯的养成，从而让孩子更有效地提升自己的学习成绩。

表扬 （关注人、关注结果、关注他人的评价）	鼓励 （关注事、关注过程、关注自己的行为）
你是一个聪明的孩子	你一直都很努力
你这么快就完成作业了，你太棒了	你快速完成作业是因为你全神贯注了，而且你时间安排得很好

续表

表扬 （关注人、关注结果、关注他人的评价）	鼓励 （关注事、关注过程、关注自己的行为）
这么难的题都做对了，你好厉害	我注意到你试了好几种不同的方法，一直没有放弃，你通过自己的努力和坚持战胜了它
这些要求你都做到了，你真棒	我相信你知道怎么做才是最好的，因为你有自己的判断
妈妈说的你都做到了，你真是妈妈的好孩子	你做的事情和我想的一样，咱们的想法真是不谋而合
你能独立学习了，妈妈真高兴	我看到你自己定好时间，独立完成作业，写完还做了检查，在学习这件事上你可以独立了

作为家长，我们不是为了赢孩子，而是为了赢得孩子。“叛逆”和“秘密”是孩子成长的必经之路。在改变孩子之前，家长要先改变自己，不断调整家庭的教养方式。正所谓：“养育孩子之路就是自我修行之路。”因此，家长不应该以孩子某次作业完成的好与坏、考试成绩的高与低、社交表现的优与劣、实现自己期待的多与寡作为评判孩子学习能力的标准，而应该主动了解孩子的内在需求，鼓励孩子独立思考，培养孩子应对挫折的坚毅品格，允许孩子以合理的方式宣泄情绪，尊重孩子的自主权和隐私权，用全面且发展的眼光看待孩子成长，真正成为孩子生命中值得信赖的陪伴者和引领者。

◆ 策略二：顺应孩子的学习特点，激发孩子的学习内驱力。

1. 鼓励孩子小步前进。

在日常生活中，家长要做的是跟孩子一起打败困难，而不是跟困难一起打败孩子！家长要学会用鼓励替代抱怨，用小目标替代大目标，帮助孩子从实现“微量变”开始，不断体验每一次的“小获得”，从而促成“大质变”，最终收获“大成功”。

因此，在家庭教育过程中，为了更好地鼓励孩子小步前进，家长可以通过制作目标卡的方式，让孩子学会在不断实现目标的过程中，找到成长的自信心，并逐步对自己提出更高的要求。

目标卡

目标	完成情况
每节课认真听 25 ～ 30 分钟	A. 未完成　B. 已完成　C. 超额完成
每学科至少完成 3 道课后探究题	A. 未完成　B. 已完成　C. 超额完成
每天至少问 1 个问题	A. 未完成　B. 已完成　C. 超额完成
每天至少跑步 1 圈	A. 未完成　B. 已完成　C. 超额完成
每次考试成绩要比上次有提升	A. 未完成　B. 已完成　C. 超额完成

通过引导孩子不断完成目标卡上的任务，家长让孩子真正学会与自己赛跑，并懂得及时调整和修订自己的目标，真正达到“每天一小步，每周一大步”的效果。

2. 永远记得给孩子希望。

斯蒂芬·金曾在《肖申克的救赎》一书中写道：“万物之中，希望最美；最美之物，永不凋零。”很显然，要想拯救一个人，其实很简单，我们只需要给他希望；要想摧毁一个人，其实也很简单，我们只要让他永远看不到希望。

因此，在家庭教育中，无论孩子现在身处何种境地，家长一定要记住：父母能给予孩子最好的礼物就是永远让孩子看到希望。而希望藏在哪里呢？其实它就藏在你每天对孩子说的话语中。为此，家长不妨尝试给自己列出一张包含“该说的话”与“不该说的话”的清单。

该说的话	不该说的话
愿意努力，就是进步	真笨、傻瓜、没用的东西
你又进步了，我真为你感到高兴	学习有那么难吗
老师又表扬你了	你怎么又做错了

续表

该说的话	不该说的话
这个问题，你可以自己解决	你怎么就是不听话呢
能坚持每天完成目标，这是一件非常了不起的事	你怎么总是不愿意努力读书呢
爸爸妈妈愿意帮助你	你怎么就不能像 × × × 一样呢
谢谢你能包容我们做得不好的地方	这都不会，你还会什么
能成为你的父母是一件很幸福的事	我再也不管你了，随你的便好了
你将来一定会成为一个了不起的人	你未来能有什么出息

父母可以根据清单的内容，主动改变与孩子的沟通方式，并记录沟通的效果，从而真正学会让孩子看到希望的语言表达技巧，让孩子充满希望地沿着既定的方向不断奔跑前行。

3. 给孩子一段缓冲的时间。

进入九年级，孩子既要复习七年级和八年级的知识，又要接受系统化的知识梳理，应对不同阶段的质量测评。当孩子面临着如此巨大的学习压力时，家长给予孩子最大的支持就是让他拥有缓冲与调整的时间。学习的过程，其实就是自我发现的过程。在孩子完成阶段性的学习任务后，家长可以引导孩子主动放松心情，并选择恰当的时机与孩子分析这段时间的得与失。经过适当时间的缓冲，孩子可以强化对自我的认识，从而及时调整和优化自己的学习方法，进而有效地促进自己的学习。

成绩固然重要，但孩子的健康成长比成绩更重要。因此，在家庭教育中，家长不应该盲目地追求高分，而应该在学习的过程中引导孩子去探索分数背后的真正意义，充分理解和运用分数的检测作用，主动发现学业上的缺漏，同时鼓励孩子不畏惧失败、勇敢面对挑战、不断超越自我，从而培养孩子勤于思考、勇敢坚持、积极探索、不畏困难的优良品质，让孩子在成长的道路上越战越勇！

◆ 策略三：顺应孩子的个性特点，给予孩子合适的学法指导。

1. 警惕“低品质勤奋”。

升入九年级，有的孩子能很快地适应这一阶段的学习节奏，并取得较为优异的成绩。然而，有的孩子虽然每天也很努力地学习，但是成绩就是提不上来。这其实就是孩子勤奋背后的“懒惰”在起作用，也就是我们常说的“用行动的勤奋掩盖了大脑的懒惰”。

因此，在家庭教育的过程中，家长要主动引导孩子及时对自己所学的知识进行归纳与总结，认真梳理学科的易错知识点，整合相关的共性特点，并通过自我测试检验自己的学习成果，从而达到巩固成效、查缺补漏的目的，避免让孩子陷入“低品质勤奋”的误区。

2. 给预习留出时间。

学习就像建造房子，预习是建造房子前的设计图纸，对孩子在课堂上知识的消化吸收率有着重要的影响。良好的预习可以帮助孩子有目的地接受老师的知识传授和讲解，并在老师的启发下不断进行思考，对孩子的学习有积极的促进作用。

为了更好地引导孩子掌握正确的预习方法，家长可以尝试按照下面表格列出的内容指导孩子的学习。

学科不同 方法不同	①文科预习重在理清提纲，抓关键词语、全文要点
	②理科预习重在理清逻辑，抓公式、定理、概念
发现问题 直击问题	①一定要将预习中不懂的问题标注出来
	②这些不懂的地方就是第二天课堂重点听讲的地方
新旧结合 融会贯通	①找到新旧知识之间的连接，比较异同
	②让新知识进入原有知识体系，形成新的知识体系

因此，家长要引导孩子根据不同的学科性质选择相应的学习方法，并在学习的过程中主动发现和解决问题；同时学会搭建知识框架，将新旧知识进行系统化结合，真正做到融会贯通，从而为提高自己的学习成绩打下坚实的基础。

3. 给复习留出时间。

俗话说："打铁要趁热。"在学习中，复习更是如此。孩子只有经过了及时复习，才能将短时记忆转化为长久记忆，从而真正学会知识。根据艾宾浩斯遗忘曲线，遗忘在学习之后立即开始，而且遗忘的进程并不是均匀的。最初遗忘速度很快，以后逐渐缓慢。经过一天的课程学习，孩子的大脑和记忆功能还处在兴奋状态。在实际生活中，家长可以根据孩子的特点，积极引导孩子从下面的复习法中找到适合自己的方式。

整体概略式复习	迅速回顾一下当天所学内容概略
重点内容复习	重点复习笔记上的重难点内容，以确保自己完全理解领会
预习问题复习	检查昨天预习留存下来的问题是否已经真正弄清解决

总的来说，在孩子的学习过程中，家长应该引导孩子主动预留复习的时间，并让孩子通过充分的复习，不断强化自己的记忆，从而使学习达到事半功倍的效果。除了以上的每日复习，我们还可以引导孩子适当地进行周复习、月复习等，以便及时巩固所学的知识。

4. 降低重复性错误率。

对九年级的孩子来说，中考不仅是一场"得分比赛"，更是一场"失分比赛"。在学习的过程中，"错"可以让孩子主动认识自己的不足，并督促自己积极改正和完善。而"重复错"则体现了孩子的粗心大意或学习方式上的漏洞（如缺少归纳和总结、对知识的理解不够透彻、对知识的掌握不够牢固等）。于是"重错率"就成为衡量孩子学习成效的重要指标之一。对此，家长可以从以下四个维度引导孩子进行思考。

①	这道题考了什么（知识点）
②	这道题是怎么解的（方法）
③	还有没有更好的方法（多角度）
④	再遇到这类题怎样才能更快解出来（尝试建构同类题答题模型）

通过积极地思考和分析自己犯错误的原因，孩子可以有效地减少重复错误的概率，不断提高备考复习的质量和效率。当然，家长还可以建

议孩子制作“错题本”，收集和整理典型错题，从而让孩子更有针对性地进行学习。

5. 鼓励孩子勇敢提问。

爱因斯坦曾说：“提出一个问题往往比解决一个问题更重要。”学而不问，不是真正的学习。敢于提问是一种优秀的品质。只有发现问题，才有可能解决问题；每解决一个问题，就是向成功又迈进了一步。

为此，在家庭教育中，家长要鼓励孩子勇敢地提出自己的疑问，及时请教老师和同学，做到“当日问题当日清”，不留问题死角。当然，家长也可以与孩子一起学习，互相向对方提问。在这个过程中，家长要鼓励孩子用自己的理解做出回答。无论孩子的回答是否正确，家长都要对孩子认真思考的过程给予积极的肯定。只有这样，孩子才能真正养成良好的学习习惯，并在不断进步中实现自己的成长与发展。

6. 千万不要打疲劳战。

进入九年级，有的孩子会因为时间紧迫而经常熬夜看书、复习等，导致大脑长期处于紧绷的状态，从而出现过度疲劳、精神涣散等现象。这样的做法不仅无法提升学习成绩，而且会严重损害自己的健康成长。

因此，在家庭教育中，家长要注意引导孩子科学合理地安排学习与休息的时间，做到以抽象性为主的学科与以形象性为主的学科交替、脑力活动与体力活动交替、学习与休息交替等，让孩子的神经活动在交替的过程中得到调节，避免因过度劳累而降低学习效率。此外，作为家长，我们要相信自己的孩子，不应该让孩子为了实现父母的期望而通宵达旦地学习，而应该让孩子按照自己的优势和个性特点，在学习中不断扬长避短，成为最好的自己。

◆ 策略四：引导孩子接受自己的不完美，适当降低对孩子的期望。

1. 警惕“考试焦虑”。

在实际生活中，孩子的“考试焦虑”大多是源于对自己的过高期待。有的孩子总是会对自己有较高的要求，甚至有完美主义倾向。正因如此，他们格外重视考试成绩和外界的评价。这极其容易引发孩子对考试的焦虑。

因此，在教育孩子的过程中，家长要主动引导孩子正确看待现阶段的学习能力和水平，让孩子根据自己的学习特点制订合理的目标和计划，并通过循序渐进的努力，实现既定的奋斗目标，从而避免陷入“考试焦虑”的怪圈。只有这样，孩子才能轻松、快乐地学习，并体验成长的乐趣。

2. 及时消除过往的“消极体验”。

心理学研究结果显示，孩子在学习上的失败体验会叠加到下一次对考试的焦虑中。如果这样的消极体验没有得到及时清除，孩子就会陷入无限的恶性循环中，对成长产生极大的负面影响。

因此，在实际生活中，当孩子有过失败的经历时，家长就要特别留心观察孩子的变化，并根据孩子的个性特点，及时进行干预或给予适当的引导，以便消除过往的消极体验。若孩子依然出现类似的情况，家长可以在必要时向学校老师或相关的心理专家寻求帮助，以便更好地帮助孩子走出人生的困境。

3. 适当降低对孩子的期望。

对九年级的孩子来说，父母的高期望不仅让他们产生焦虑，而且加重了他们的负担。面对父母的高期望，孩子一到考试就心生担忧甚至恐惧，生怕自己因为没考好而让家长失望，从而让自己在关键性考试中陷入紧张和焦虑的情绪中。

面对中考，家长要做的应该是主动给孩子“减压”，而不是“加压”或“施压”。降低对孩子的期望值是“减压”最有效的办法。当孩子的考试成绩不理想时，家长就应该适当地降低心中的期望，及时肯定孩子的付出和努力，主动关注孩子的内心成长，给予孩子应有的鼓励，帮助孩子重新树立对学习的信心。只有这样，孩子才会减少考试焦虑，以积极、自信的态度应对每一次考试。

4. 给孩子积极的心理暗示。

进入九年级，孩子的生理和心理发育都趋向成熟。但是因为缺乏社会阅历和生活经验，孩子看待问题的角度通常比较单一，容易对自己产生否定或怀疑。因此，作为家长，我们可以给予孩子积极的心理暗示，以减轻孩子的心理负担，帮助孩子理性、客观地看待考试，从而减少压力和焦虑。为此，家长可以按照下面表格列出的内容尝试给予孩子一定的心理暗示，让孩子真正学会学习、快乐学习。

①	你已经做好准备了
②	你的努力比分数更重要
③	过程尽力而为，结果顺其自然
④	成绩出现上下波动是很正常的现象
⑤	考试的目的就是来帮助我们暴露问题的
⑥	问题被暴露是好事，问题只有被暴露，才有可能被解决
⑦	高手的较量就是心理的较量
⑧	所有的情绪都是正常的，每种情绪都是我们生命的礼物
⑨	处理情绪的速度就是迈向成功的速度

5. 给孩子传授缓解焦虑的小妙招。

对九年级的孩子来说，焦虑不能“堵”而要“导”。在实际生活中，父母可以主动给孩子传授缓解焦虑的小妙招，并与孩子一起进行训练，从而帮助孩子调整心情、释放焦虑。为此，家长可以按照下面表格列出的方法引导孩子采用积极的方法缓解自己的焦虑，让孩子在实践中不断学会自我调节，从而更加幸福、快乐地成长。

想象性放松	深呼吸，闭上眼睛想象一下美好的人、事、物，从而唤醒美好而宁静的心绪
建立正面信念	从“要考试了，我一定要考好”的想法中跳出来，并在心里告诉自己“我已经努力了”
倾诉式转移	找个值得信赖的小伙伴，倾诉心声，释放压力
做自己喜欢的事	听一听喜欢的音乐、看一看喜欢的电影、来一场喜欢的运动，在产生美好感觉的同时焦虑的情绪会自然得到舒缓
考试情境摹想	让自己想象进入模拟的考试情境中，反复演习考试的过程，从而逐渐化解焦虑

通常来说，每个孩子都是家庭的希望。面对孩子人生中的第一次“大考”，家庭的鼓励和支持比家庭的期待更能促进孩子的进步。因此，家长表达对孩子的关爱时要注意把握分寸，有些关爱可做但无须言，过于“猛烈”的爱有时也会带来伤害。总之，每个孩子都是独一无二的，造成孩子成绩波动的原因也都不尽相同。有些是单一问题作用的结果，有些又是多重因素共同作用的产物。无论是何种情况，教育的原理是相通的，方法是可以互相借鉴的。我们要认识这个时期孩子成长的规律，建立对孩子学习的正确认知与理解，从而寻求解决问题的对策与路径。只有这样，家长才能更有效地帮助孩子促进自己的学习，并在不断进步中体会成长的快乐！

俗话说：“授人以鱼不如授人以渔。”作为家长，我们不应该只重视提高孩子的学习成绩，而应该更加注重培养孩子的学习能力，主动引导孩子根据自己的个性特点，找到适合自己的学习方法，让孩子学会自主学习。同时，在孩子遇到学习上的困难和挫折时，家长要积极主动地给予孩子应有的安慰和鼓励，通过有效的亲子沟通，教会孩子纾解心中的压力和负面情绪，让孩子学会以更积极乐观、自信勇敢的心态迎接学习的考验和挑战，从而在不断实现目标的道路上成就美好的人生。

带领孩子“蹚过小河”

“爸爸、妈妈，等着我‘远涉重洋’的消息哦，再见！”

看着子轩背着书包、拖着行李，迈着略带兴奋却又坚定的步伐，一步步走进高中的校园，子轩的父母相视一笑，眼眶却湿润了……

回想刚刚过去的一年，子轩的父母感慨万千。子轩的父母都是公司的普通职员，子轩就读于一所普通初中。长期以来，家庭的生活步调都是随性而行。可自从子轩进入九年级，在了解了孩子升学的信息和相关要求后，子轩的父母变得越发着急。于是，他们开始正视子轩的学习情况：子轩的学习成绩是中等水平，没有特别突出的科目优势。可子轩似乎很安于现状，经常以“知足常乐”进行自我勉励。面对孩子要应对中考备考的高强度学习训练的情况，子轩的父母心里不禁忐忑起来，可一时间又手足无措。

一天，子轩的爸爸看到这样一句谚语："一个不想蹚过小河的人，自然不想远涉重洋。"霎时间，子轩的爸爸有了一些想法。回到家后，他和妻子认真分析了子轩的学习现状。他们都觉得没有明确的目标意识和坚定的执行力是子轩当下最大的问题。根据子轩这种易满足的性格，子轩的父母决定为子轩量身打造进阶的"小目标"。于是，子轩的爸爸、妈妈主动听取了老师对子轩在九年级的学习建议，以及子轩完成"小目标"所需要的帮助。一番准备过后，子轩的父母就开始行动起来。

子轩的爸爸首先打印之前看到的谚语，然后贴在子轩的书桌前，和子轩分享了自己看到这句谚语的感悟。子轩的爸爸说："我们原本的学习、生活没有什么太多的追求，这看起来似乎也没什么不好。可是，如果我们能再往前迈一步，会不会有更多的精彩在等着我们呢？所以，我们试着努力'蹚过'眼前的'小河'吧，也许我们也可以体验'远涉重洋'的精彩。"经过爸爸的一番劝导，子轩也表示自己愿意尝试。于是，子轩的爸爸、妈妈开始和子轩确立第一阶段的"小目标"：每天除了完成课后练习，还要再坚持做一道同类题。经过努力，子轩顺利地完成了第一阶段的"小目标"。子轩的父母也及时肯定了子轩的进步。于是，第二个月，子轩的爸爸、妈妈继续提出第二阶段的"小目标"：每天除了完成课后练习和一道同类题，还要坚持向老师提出一个问题。坚持半个月后，第三阶段的任务也随之推出：每天除了完成第一和第二阶段的任务，还要坚持给老师或同学讲解一道题的解题思路和做法。之后，第四、第五阶段的"小目标"也依次推出……在父母的陪伴引导下，子轩脚踏实地地努力"蹚过"原本眼前的"小河"。

九年级的日子一天又一天地逝去，子轩在不断实现一个个"小目标"的进阶中也得到了极大的鼓励，最终他突破了长期处于中等水平的瓶颈，开始对自己的未来有了更多的期待和憧憬。最终，子轩考上了一所不错的高中，完成了他人生中的一个"小目标"。于是，便有了他进入高中校园时给父母的那句铿锵有力的"远涉重洋"的话语……

从这个故事中，我们可以看到子轩"远涉重洋"的梦想与决心被唤醒，子轩的父母功不可没。对孩子个性的充分了解，让子轩的父母清醒地意识到困扰孩子的关键所在。所以，子轩父母将"攻心"作为教导孩子的第一步，刺激孩子突破舒适区，主动跳脱安逸状态。而后以进阶的“小目标”激发孩子前行的驱动力，引领孩子一步一个台阶地实现自己的奋斗目标。久而久之，子轩在不断实现目标的过程中找到了努力奋斗的价值与方向。总的来说，“蹚过小河”的过程就是孩子学习内驱力不断被激发的过程。这值得家长们学习和借鉴。

延伸拓展

阅读推荐

助学须有道。九年级孩子的学习需要讲究方法，而家长帮助指导孩子学习也要了解更多的方法和途径。以下书籍从不同侧面阐述了学习成长的相关问题，家长们可从中挖掘助学策略。

1.《聪明的家长 Hold 住：家庭教育心理应用手册》（著者：心雅、元子；出版单位：华东师范大学出版社）。

理由及建议：本书包含家长的学习成长、心态与情绪调节、亲子沟通、行为优化、综合问题、趣味方法等方面内容。阅读时，家长可以结合其中个案，对应自己家庭的具体情况，吸收其中的分析与建议，并由此开展与孩子的互动交流。

2.《学习动力》（著者：李洪玉、何一粟；出版单位：湖北教育出版社）。

理由及建议：这是一本专业的教育理论书籍。家长从中可以系统地了解各种非智力因素的概念、种类、功能及影响其形成与发展的因素，并获得可供实践参考的培养途径和措施。阅读此书时，家长须厘清学习动力的相关逻辑关系，将理论与实例相结合，从而更好地理解其中内容。

3.《儿童高效时间管理手册：让孩子学习更有效的50招》(编著：舒清；出版单位：中国华侨出版社)。

理由及建议：这是一本通俗易懂的学法指导手册，为家长提供了若干切实可行的指导建议。家长可以重点阅读此书第五章“我还要斤斤计较——帮助孩子找到学习盲点”，学习帮助孩子解决学习盲点累积问题的方法及改善策略。

评估改进

亲子沟通的质量与孩子的学业成绩息息相关。家长可以通过以下测试了解自己与孩子沟通的质量，有计划地督促自己科学指导孩子的学习，并循序为之，让孩子在高质量的亲子沟通过程中进一步提升自我。

一、自我评估

判断亲子沟通质量是否会影响孩子学业成绩的10种表现

您在日常生活中的实际情况与下面列出的表现是否相符？若相符，则选“是”；若不相符，则选“否”。

	是	否
①不管工作或生活多么忙碌，每天我都会留时间陪孩子。	□	□
②不管孩子考多少分，我会主动帮助孩子寻找解决问题的办法。	□	□
③不管孩子发生什么事，我都愿意让他把话说完，并站在他的立场，理解他的感受。	□	□
④不管孩子现状如何，我总是愿意相信他的未来一定会更好。	□	□

	是	否
⑤我认为孩子身心健康远远比好成绩更重要。	□	□
⑥我认为犯错误和惹麻烦是孩子成长的必经之路。	□	□
⑦我认为孩子能自己安排好自己的学习和生活。	□	□
⑧孩子愿意和我分享他的所见所闻所感。	□	□
⑨我从不拿孩子的成绩跟别人做比较。	□	□
⑩在学习上，我更愿意把选择的权利交给孩子。	□	□

【评估参考】如果您选择“是”较多的话，说明您与孩子建立了良好的亲子关系，为孩子学业成绩的提高创造了良好的家庭环境，值得保持与发扬；反之则说明您和孩子的亲子关系有待进一步加强。此时，家长需要改变自身观念，通过组织各式各样的亲子活动，及时改善亲子关系，为孩子提高学业成绩增添动力。

二、改进计划

亲爱的家长，您好！阅读本专题后，您应该对如何帮助和指导孩子在九年级的学习有了更全面的理解。下面请您结合实际情况，写出自己的改进计划，并逐项完成。

第三专题 时间管理，把理想变成现实

随着中考脚步日益接近，时间管理成了孩子在九年级必须掌握的一项技能。经过调查，我们发现很多九年级孩子总觉得“时间不够用”。进入九年级，孩子既要适应对新增科目（化学）的学习，又要跟上学校的复习进度，做好知识的系统化梳理和回顾。在这种新旧知识交替学习的情形下，孩子通常会出现顾此失彼的现象，使得自己的成绩起伏不定。

与此同时，在现实生活中，很多学生还会陷入“有方法，但是没有时间实践；有计划，但是没有时间落实；有理想，但是没有时间实现”的怪圈，从而使得自己在时间的推移中渐渐找不到前进的方向。此外，当看到孩子的成绩下降时，很多家长往往会归咎于智力、态度、心理（如厌学、沉迷网络）等因素，并且不问缘由地指责孩子，让家庭亲子关系频频陷入僵局。这不仅对孩子的学习没有实质性的帮助，而且会加剧孩子的挫败感。

因此，面对不断升级的学习广度、深度和难度，九年级孩子要在有限的时间里做好中考备考和迎考，就必须学会有效地管理时间。但由于自控能力有限，孩子无法科学地管理自己的时间。这时候，家长应当主动承担教育孩子的责任，积极地引导孩子制订符合实际的学习计划，合理地调配各学科的时间安排，努力在学习与休息之间找到平衡点，从而帮助孩子学会有智慧地管理和利用时间，进而将理想变成现实。

案例分析

升入九年级，每个学科的学习任务会源源不断地朝学生涌来。每一次谈到孩子的成绩，家长们的心情就像乘坐过山车一样，跌宕起伏。以下是部分九年级的家长对孩子在时间管理方面的心声。

案例一：超负荷学习，休息时间不足。

小李是一个学习成绩优异的学生。每天除了完成各科老师安排的学习任务，小李还会挤出时间阅读各种各样的复习辅导书，完成1至2套刷题试卷，几乎凌晨1点以后才入睡。此外，为了提高自己的体育中考成绩，他每天早上5点钟起床跑步，增强自己的体能素质。在这种超负荷的学习状态下，小李每天的休息时间严重不足。在九年级的第一次教学质量检测中，小李取得了优异的成绩。这让爸爸、妈妈感到很欣慰。但是他们也对孩子这种严重压缩休息时间的做法感到担忧。果不其然，质量检测不久后，小李渐渐觉得有点吃力，上课时总感觉疲惫不堪，经常走神甚至打瞌睡，导致自己的听课效率明显下降，精神更加萎靡不振。尽管父母也进行了多番劝导，但小李坚持认为自己不能放松。这让小李的爸爸、妈妈既心疼，又无可奈何。

案例二：收获与付出不成正比。

小欣是一个成绩中等的女生。进入九年级，小欣发现自己遇到的难题越来越多，经常因为找不到解题思路和方法而陷入冥思苦想的困境中。尽管小欣也经常熬夜奋战到凌晨一两点钟，但是学习成绩进步不明显，数学、物理、化学等科目的成绩还出现下滑。渐渐地，小欣明显感觉自己有点跟不上老师的课堂教学，频繁出现开小差的情况，导致小欣的成绩没有得到应有的提升。这让小欣的父母很困惑：为什么孩子获得的成绩与其对学习的付出不成正比呢？

案例三：偏科严重，时间分配不均。

小闻的理想是当一名科学家，所以他对地理、生物、物理、化学等科目非常感兴趣。无论是在学校，还是在家里，小闻把自己的大量时间都花在这几个科目上。一有时间，小闻还经常到学校的图书馆查阅这几个学科的相关内容，从中小闻也确实学到了不少的新知识。可在九年级的期中质量检测中，虽然小闻这几个科目的单科成绩都很优秀，但综合成绩只处在班级中等的水平。老师和父母也意识到小闻的偏科问题，主动与小闻进行谈话，希望他能协调各科的学习时间。但小闻却不以为意。这让小闻的父母感到深深的忧虑。

案例四：自暴自弃，不主动投入时间和精力。

小宇是一个学习成绩处于偏下水平的学生。自从进入九年级，小宇也尝试改变自己的学习方法，希望提高自己的成绩。坚持了一段时间后，小宇时常因为课后练习的正确率偏低而感到失落、沮丧。渐渐地，小宇也不再要求自己要考得好成绩。后来，在一次教学质量检测中，小宇的成绩甚至排到了班级的倒数位置。这让小宇彻底失去学习的动力和斗志。之后，小宇变得不再认真听课，自顾自地玩耍自己的笔，课后也不主动完成交代的学习任务。看到小宇这样的行为表现，小宇的家人头疼不已，对小宇的未来感到很迷茫。

通过对上述案例进行分析，我们可以看到孩子对时间的管理能力与孩子的学习成绩有密切的关系。当孩子在时间管理上出现问题时，孩子的学习成绩也会出现相应的波动，从而引起家长的焦虑。虽然说这是孩子在九年级的学习、生活中普遍存在的现象，但确实对孩子的成长与发展产生了消极的影响。经过综合分析与总结，我们认为孩子在九年级出现时间管理问题的原因主要有以下四个方面。

> >> 1. 时间观念缺失。

在现实生活中，我们发现有些人总是没有办法在约定时间内完成任务，而需要延长工作的时间。这不仅打乱了正常的计划和安排，而且经常让自己处于一种紧张、忙乱、低效、疲惫的状态。这样的性格特质和生活习惯归根结底是因为没有养成良好的时间观念。

对九年级孩子来说，面对不断增大的复习压力和源源不断的课后练习，时间观念的缺失通常让孩子陷入学习的怪圈，透支自己的精力，结果往往得不偿失。在案例一中，小李每天坚持完成了很多学习任务，并且严格要求自己兼顾体育中考的训练，虽然也取得较好的成绩，但是这种超负荷的学习严重透支了自己的体力和精力，使得自己在学习和休息的时间安排上出现严重失衡的局面。长此以往，小李很快会在九年级的激流中败下阵来。

因此，作为家长，我们要引导孩子树立正确的时间观念，正确处理学习与休息的时间安排，让孩子在中考备考这场持久战中站到最后，从而以斗志昂扬的姿态在中考中取得令自己和家人满意的成绩。

判断孩子是否有时间观念的 10 种表现

您孩子的实际情况与下面列出的表现是否相符？若相符，则选“是”；若不相符，则选“否”。

	是	否
①每天能按时到校不迟到。	□	□
②如无特殊情况，每天回家时间基本一致。	□	□
③总是能在预定的时间内完成任务。	□	□
④每天作业记录清晰明了。	□	□
⑤回家总是先完成作业再做别的事。	□	□
⑥能较好地完成相关的家庭作业。	□	□
⑦总是能按时赴约。	□	□
⑧有做明确的时间计划表的习惯。	□	□
⑨能按时间计划表完成任务。	□	□
⑩未按计划完成的任务会另作安排完成。	□	□

【评估参考】如果您选择“是”较多的话，说明您的孩子目前已经具备较强的时间观念，并且能很好地规划自己的时间；反之则说明您的孩子目前时间观念还不够强，需要您加以引导和培养。

2. 效率意识不强。

学习不是一蹴而就的，也不能依靠蛮力。除了做好时间管理，学习还对效率意识有较高的要求。孩子进入九年级，随着学科难度的增加和学习要求的提高，有些孩子会因为不会解题而陷入自我纠缠中，使自己常常需要花费很多的时间在某一个问题的解决上，导致自己的学习效率低下，不利于提高自己的学习成绩。在案例二中，小欣虽然学习也很努力，但经常因陷入解题的困境而浪费了大量的时间，让自己的学习效率长期处于较为低下的状态。这就是小欣的努力与成绩不成正比的根本原因。

因此，在家庭教育中，家长应该正确地引导孩子注重处理时间安排和学习效率的关系。当孩子遇到不会解答的题目时，家长可以指导孩子先跳过这个题目，待完成其他题目后，再重新思考先前暂时搁置的题目，或许很多问题就迎刃而解了。这样才有助于提高学习的效率，让自己的学习时间得到有效分配和利用，从而促进自己的学习。

判断孩子是否注重效率的 10 种表现

您孩子的实际情况与下面列出的表现是否相符？若相符，则选“是”；若不相符，则选“否”。

	是	否
①每天坚持列出需要完成的任务清单。	□	□
②书桌上没有影响学习专注力的物品。	□	□
③做作业时不会“一心二用”(如听歌、吃东西等)。	□	□
④做作业时间有保证，很少中断（如上厕所、喝水等)。	□	□
⑤做作业时不要求使用手机等智能终端设备。	□	□
⑥对做作业的时间有限定。	□	□
⑦做题有策略、有方法，如遇到难题先做好标记，待完成其他题目后再回过头逐一思考并解决。	□	□
⑧回家后能妥善处理家庭作业与娱乐的时间安排。	□	□
⑨课本上笔记翔实，安排合理。	□	□
⑩作业错误不多，错题及时订正。	□	□

【评估参考】如果您选择“是”较多的话，说明您的孩子目前效率意识很好，值得继续鼓励、发扬；反之则说明您的孩子目前尚未有效率意识，需要家长在生活中加以引导与培养。

3. 科学规划能力不足。

俗话说：“凡事预则立，不预则废。”无论做什么事情，我们都要先做好计划，有所准备才有可能得到自己期待的成果，不然就会导致失败。对九年级的孩子来说，时间无时无刻不在被各个学科争夺、分割。在这个过程中，有的孩子喜欢对感兴趣的科目投入更多的时间和精力，而忽视了对其他科目的学习，最终导致偏科，总体成绩不佳。这通常是缺乏科学规划能力的重要表现。案例三中的小闻就是这个情况。

科学的规划对孩子在九年级的学习、生活尤为重要。因此，在家庭教育过程中，家长要积极引导孩子根据自身的实际情况，结合不同时期的学习任务，制定不同的时间规划，并在实践的过程中不断调整和优化自己的时间安排。当然，我们不反对孩子对某些感兴趣的科目投入更多的时间，只是要注意把握分寸，做到合理分配，让整体呈现较为均衡的发展。只有这样，孩子的时间规划才能真正落到实处，避免出现各科目之间厚此薄彼、时间分配不均的问题。

判断孩子是否具有科学规划能力的 10 种表现

您孩子的实际情况与下面列出的表现是否相符？若相符，则选“是”；若不相符，则选“否”。

	是	否
①认为制订学习计划很重要。	□	□
②有制订学习计划的习惯。	□	□
③有短中长期目标以及配套学习计划。	□	□
④制订学习计划时会咨询家长、老师意见。	□	□
⑤对各科的学习情况做过详细分析。	□	□
⑥能合理安排自己的学习时间。	□	□
⑦遇到突发情况，能对学习计划进行调整。	□	□

	是	否
⑧重视学习任务的完成程度。	□	□
⑨学习自主性强，基本不需要家长催促。	□	□
⑩有明确的学习目标和实现措施。	□	□

【评估参考】如果您选择“是”较多的话，说明您的孩子目前已拥有了较好的规划能力，值得继续鼓励、发扬；反之，则说明您的孩子目前的规划能力还需要进一步提高，需要家长在生活中加以引导与培养。

4. 时间投入不积极、不主动。

进入九年级，面临高强度的学习压力，有的孩子能正确调整自己的心态，科学地对自己的时间进行合理的分配和管理，很快适应了学习的各种挑战。然而，有的孩子因为抗压能力不足，在经受学习的挫折后，失去了对学习的信心，不再主动把时间和精力花费在学习上，出现自暴自弃，甚至厌学的行为。案例四中的小宇就是因为抗压能力不足，以致自己无法承受成绩下滑带来的挫败感，最终出现自己不积极主动地将时间和精力投入在学习上的现象，从而让自己在学习的激流中不断后退。

因此，在家庭教育中，家长要注意引导孩子正确对待学习过程中的困难和挫折，理性而客观地看待自己的失败，并指导孩子及时调整自己的学习态度和方法，或者引导孩子向老师和同学寻求帮助，让孩子重新引起对学习的重视，在克服困难和挫折的过程中，不断提高自己的抗压能力，并积极、主动地将自己的时间合理调配到各个学科的学习实践中。只有这样，孩子才能真正学会科学、合理地安排自己的学习时间，最终让自己在不断进步中体会成长的快乐！

判断家庭、学校、个人的安排是否存在矛盾的 9 种表现

您孩子的实际情况与下面列出的表现是否相符？若相符，则选“是”；若不相符，则选“否”。

	是	否
①家长安排兴趣特长班前征求过孩子意见。	□	□
②安排兴趣特长班前分析过孩子的学习情况和学习任务。	□	□

	是	否
③家庭定期就学习生活规划展开讨论、调整。	□	□
④孩子在学习生活规划上有话语权。	□	□
⑤孩子能完成校内布置的学习任务。	□	□
⑥孩子没有因为完成家长布置的学习任务而影响校内学习。	□	□
⑦孩子没有表达过对目前学习生活规划的不满。	□	□
⑧孩子有足够的娱乐、休闲时间。	□	□
⑨亲子间关于学习生活规划的意见分歧不大。	□	□

【评估参考】如果您选择“是”较多的话，说明目前家庭、学校、个人在学习生活规划问题上没有出现矛盾；反之则说明目前家庭、学校、个人在学习生活规划问题上已经出现了矛盾和冲突，需要家长及时分析现状进行调整。

教育家苏霍姆林斯基说：“只有当孩子每天能按照自己的愿望随意使用不少于 5 至 7 个小时的空余时间，才有可能培养出聪明的、全面发展的人来。离开这一点去谈论全面发展，谈论培养素质、爱好和天赋才能，只不过是一些空话而已。”由此可见，有效的时间管理过程是走向有序、有义、有效的过程。这也是孩子自我管理的一项课程。

因此，在家庭教育中，家长要和孩子围绕时间管理展开更多的互动和交流，让孩子感受时间管理的意义和价值，并运用有效的时间管理方法（如番茄工作法、GTD 时间管理法等）指导孩子在九年级的学习，从而在实践中不断提高孩子的时间管理能力，为提高孩子的学习成绩打下坚实的基础。

了解孩子

随着中考日益临近，“时间紧迫”成为九年级孩子的口头禅。这是孩子们人生中第一次真切感受到时间的宝贵与重要。但由于以往没有如此紧迫的经历，或是在较长的一段时间内没有主动对时间进行规划管理，九年级的孩子常常无法有效地管理自己的时间。这主要有以下三个方面的特点。

1. 被动无感。

与初中的前两年相比，九年级的孩子在学识掌握水平和自控能力上的确有了较大的提升，但知识技能与时间规划管理能力不属于同一范畴。也就是说，孩子时间管理能力的发展，不一定能与知识技能的发展同步。

然而，在面对纷繁的学习任务时，许多九年级的孩子通常处于被动的状态，即每天主要按照学校、家庭提供的任务步骤行动，没有很好地思考“时间是否需要管理”“时间管理的意义和作用”“哪些时间属于集体行动，哪些时间需要自行调配”等问题。这种“提线木偶”般的被动状态无法体现时间管理的要义，使得九年级孩子不能真正了解时间的概念，尚未形成对时间的清晰认识，更无法理解时间管理的深刻意义和重要性。

2. 手足无措。

进入九年级，孩子除了要学习原有的科目，还要接受和适应化学这门新学科的教学。同时，在文化课中考到来之前，孩子还要完成体育中考测试等相关考核。面对众多的学科以及交织的各类检测，孩子尽管意识到时间管理的重要性，但由于缺乏科学、有效的时间管理方法而无法正确地做好各学科的时间调配与安排，从而陷入手足无措的困境。

孩子们之所以会感到茫然无措，是因为长期以来缺乏对时间监控和利用能力的培养。也就是说，很多孩子在生活学习中没能形成良好的时间效能感，从而导致对时间管理的自信心不足。当缺失时间管理的有效方法时，孩子就无法系统地、整体地、灵活地安排自己的学习计划，从而给学业发展过程和学习结果带来不利影响。

3. 自律不足。

相对于毫无时间概念以及没有时间规划而言，孩子如果能在九年级拥有属于自己的一套科学、完善的时间管理计划，这是难能可贵的。然而，一些孩子尽管持有科学的时间表，却没有真正发挥其对时间管理的效能。之所以会出现这样的情况，主要是因为孩子的自律不足。其中，拖延与“失约”是比较典型的行为表现。

与低年级孩子相比，九年级的孩子更为成熟。但作为未成年人，孩子们仍存在好奇、好动、易受外界干扰等特质，而且随着社会生活节奏不断加快，信息化时代迅速发展，孩子极易沉迷于网络游戏等新鲜事物，从而导致自我管理能力下降，并逐渐丧失对时间的认识，甚至出现拖延任务、直接放弃等现象。这些都严重影响着九年级孩子的身心健康。

总之，时间管理是九年级孩子的一门必修课，也是一场挑战赛。在时间管理认识上的不足、在管理规划能力上的缺失、在执行过程中的懈怠是九年级孩子亟待解决的症结。因此，在家庭教育过程中，家长要引导孩子学习和掌握科学的时间管理方法、合理分配自己的时间，让各学科的学习时间得到均衡分配，并在实践中不断提升自己对时间的认知，强化自己的时间管理能力，增强自律意识和能力，从而更好地促进自己的学习与发展。

在脚步匆匆的九年级生活里，家长不仅要密切关注孩子的时间管理情况，而且要主动了解孩子对时间的真切感受。通过倾听孩子发自心底的声音，家长要设身处地地理解、感受孩子的想法，与孩子共同探究其中成因，以便更好引导孩子做好九年级的时间管理，帮助孩子更从容、有效地应对来自时间的挑战！

理性应对型

想方设法：进入九年级，我的确感觉学习任务很多，时间很紧张。可我始终相信“时间就像海绵里的水，只要愿挤，总还是有的”这个道理。我会按照自己的学习特点，制订合理的学习计划，做好时间分配，让自己的学习更加有序、高效。

认识清醒：我感觉九年级的每一分、每一秒都特别宝贵。稍不留神，时间就从指缝中溜走了。所以，处在九年级这个关键时期，我遵循学科学习的规律，结合知识内容的难易程度，有条不紊地对所学习内容的先后顺序进行排列，有效地推进自己的学习进程。

坦然面对：升入九年级，我突然发现娱乐的时间变得特别奢侈。虽然每天都要应对繁多的学科知识的学习，但是我早就做好了心理准备，并养成了自我管理的良好习惯。因此，面对“时间紧迫”的九年级，我依然从容不迫地应对时间的考验。

毫无章法型

迷糊混沌：初中阶段的前两年，我过得浑浑噩噩。当时，我也没注意学习时间管理的方法，对自己的学习也没有相应的规划，所以成绩一直不太理想。进入九年级，我突然感觉还没来得及学习就要毕业了。随着中考日益临近，我的时间怎么都不够用。我尝试调整自己的学习安排，却不知道从何下手。我该怎么办呀？

慌乱不堪：九年级悄无声息地来了。面对陡增的学习任务，我真不知道如何才能更好地拆解时间，并合理地分给各个学科的学习。有时候，我花时间背了英语单词，却发现自己的数学练习还没完成。这让我顿时变得手忙脚乱起来。多么希望自己能拥有三头六臂啊！

无可奈何：在七八年级时，学科内容主要涉及单一学期的知识学习。这样的学习任务我还能应对自如。可进入九年级，我不仅要做好系统化的复习，而且要适应化学这门新学科的学习，还要应对体育中考的各项训练。这些突如其来的转变让我感到很无奈。我该如何应对这繁多的学习任务？我想这回真的是没有办法了。

沮丧失落型

自卑凸显： 距离中考就仅剩 100 天了。我对自己的未来已经没有信心了。别人花 5 天的时间能学会的东西，我至少需要 10 天。作为一个成绩处于中等偏下水平的学生，我完全不敢奢望自己还能有机会考上示范性高中。更何况现在剩下的时间又那么少，我怎么努力都很难有什么大的胜算了。

自我否定： 我这辈子从来没觉得时间有那么宝贵。我觉得自己已经争分夺秒了，但时间依然不够用。别的同学总能做得比我快，让我感觉好像他们的时间比我多一些。我心里也知道这是我能力不足的表现。或许这辈子我注定要一事无成了。

寻求方向型

探求途径： 进入九年级，我发现自己因为缺乏时间管理能力，而无法很好地应对“时间紧，任务重”的学习状况。一开始，我也感到很烦恼。后来在老师的指导下，经过向优秀的同学取经、学习，并主动结合自己的学习习惯和特点，我找到了适合自己的时间管理方法。现在我终于能有效地管理和调配自己的时间。我相信我的努力一定会得到应有的回报。

寻求援助： 虽然我深知时间的重要性，但是对一个临近中考的学生来说，我真的感到“有心无力”。每一天的时间都被安排得很满，我几乎没有自主调整的空间，更谈不上做好时间管理。我希望爸爸、妈妈能抽时间指导我梳理出一个利用时间的头绪，帮助我顺利渡过这个难关。

努力改变： 为了增强自己的时间意识，我在家里放置了三个闹钟：一个在床头，一个在书桌上，一个在书包里。可就算如此，我还是觉得时间不够用。每天放学后，我都准时开始学习，从不因为沉迷电视或游戏而影响正常的计划，但是我常常不能在预定的时间内完成相应的学习任务。这让我很苦恼。但是我还是会坚持努力做出改变。毕竟时间是在我自己的手上。我相信我一定可以把握好九年级的宝贵时间。

寥寥数语淋漓尽致地展现了九年级孩子面对时间危机的种种心态。时间管理是九年级孩子在学习、生活中必须掌握的一项重要技能。因此，如何高效地利用时间、顺利度过九年级这段人生旅程成了家庭教育的重要课题。作为父母，我们要善于读懂九年级孩子的心声，主动探寻孩子话语背后的影响因素，找出解决问题的办法，从而帮助孩子走出人生的窘境，让孩子奔向更光明的未来。

很显然，“时间紧迫”“时间不够用”不可避免地成为孩子们在九年级遇到的共性问题。在时间认知和时间管理能力上的不足，更让孩子在九年级的学习、生活中承受着不同程度的压力和痛苦。通过倾听孩子的心声，家长们也了解了孩子面对时间考验的真实感受。

在实际的家庭教育中，作为家长，我们要积极地学习和掌握科学的时间管理知识，结合孩子的成长特点和各学科的学习规律，与孩子共同探索符合实际需求的时间管理方法，并在指导学习实践的过程中进行不断优化和调整，让孩子真正学会有效地进行时间管理，从而帮助孩子有效地在九年级时间里充分发挥自己的优势、不断激发自己的潜能，进而在中考的考核中取得理想的成绩，最终实现自己的人生目标。

实施指南

孩子是时间管理的主人，家长是时间管理的引导者、监督者和评价者。在九年级这个关键阶段，家长们要注重引导孩子做好时间管理，带领孩子实现从外在约束走向主动作为的自觉。这既能为科学迎接中考提供保障，也能锻造孩子良好的学习习惯，让孩子终身受益。为了实现这个目标，家长可以从不同层面采取相应的策略指导自己在家庭教育中的言行。

◆ 策略一：培育时间价值感——做九年级孩子时间管理的引导者。

1. 感受时间的稍纵即逝。

当孩子对事物的基本特质和价值意义缺乏了解时，孩子行动就缺乏方向及动力。因此，孩子对时间本质的认知以及重视程度会直接影响孩子进行时间管理的驱动力水平。随着孩子进入九年级，家长之所以会较以往更为焦虑，是因为对时间转瞬即逝的真切感受。

因此，在家庭教育中，家长要有意识地带领孩子真切感受时间稍纵即逝的特质，给予孩子内心必要的冲击。这是培育孩子时间价值感的首要步骤。为此，家长可以通过谈心或书信的方式，与孩子各自梳理自己的某段人生轨迹，在回忆过往的过程中感受时间流逝快、不可逆的特质，从而更加珍惜九年级宝贵的学习时间，督促自己做好时间管理。

2. 认清时间的意义和价值。

在实际生活中，人们能清楚感受时间的存在，但往往无法直观地感受它的意义和价值。时间的意义和价值其实主要由在某一个时间段里所取得的成果决定。时间虽然无形，但其价值会通过有形的方式呈现。

因此，在家庭教育过程中，家长在引导孩子认识时间的意义和价值时，可以从学习、工作、生活等不同方面切入，寻找家庭、学校、社会等不同环境中的素材，化无形为有形、化抽象为具体，向孩子生动地演绎时间的意义。比如，在日常生活中，我们可以有意识地引导孩子做“定时观察员”，如通过设计 60 秒的观察时间，让孩子感受 60 秒的“长度”与“厚度”。家长可以参考下面列出的案例示范。

<table>
<tr><th>时间</th><th>观察</th><th>结果</th><th>感悟</th></tr>
<tr><td rowspan="3">60 秒</td><td>桂林米粉店
切配米粉</td><td>制作完成桂林米粉 9 碗</td><td rowspan="3">从时长来看，60 秒非常短暂。但若能专注行事，刹那间也能迸发能量、创造价值。若多个 60 秒累积，收获就更加丰硕</td></tr>
<tr><td>学校操场
抛绣球训练</td><td>往返跑 10 次，
投中绣球 6 个</td></tr>
<tr><td>家庭成员
阅读同一篇文章</td><td>阅读字数最多者
完成 2800 字</td></tr>
</table>

◆ 策略二：树立时间监控观——做九年级孩子时间管理的监督者。

> >> 1. 梳理目标任务，注重结合实际。

有人说："无目标的努力，犹如在黑暗中远征。"要帮助九年级的孩子树立正确的时间监控观，家长首先要帮助孩子梳理目标任务。对九年级的孩子来说，学业任务层叠于眼前。但是，并非所有的任务都可以被列入任务清单，也并非所有的任务都要设定为目标。

因此，在实际生活中，家长应先和孩子共同列出九年级所要承担的任务，然后从中进行筛选，并确定奋斗目标。从众多任务中筛选和确定目标时，家长要充分考虑孩子自身的实际条件。比如，九年级的语文、历史等学科对知识识记能力有较高的要求。但如果语文基础较好，孩子在课堂上就能消化所需记忆的知识内容，语文学科的背默任务就可以不列入时间管理的目标清单。此外，在目标的制定上，家长可以参考时间管理学常用的一个工具——SMART 目标。所谓 SMART 目标，其实是要求制定具体的（Specific）、可衡量的（Measurable）、可达到的（Achievable）、切合实际的（Realistic）、合时宜的（Time-based）目标。只有学会制定 SMART 目标，孩子才能在九年级拥有更顺畅和清晰的时间管理进程。

> >> 2. 依照时效规律，任务级别分层。

由于时间管理要依托目标计划这一载体，九年级孩子在制订以时间管理为核心的目标计划时，要注意时段与任务的匹配程度。只有当时段与任务高度匹配时，目标计划的时效性才能得到最大限度的发挥。

为此，家长要掌握科学的时间管理目标计划群所体现的层级性，主要包括：①罗列每日任务；②标明每日各项任务的完成时刻或执行时长；③区分任务目标的轻重缓急；④体现学科差异、能力差异及劳逸关系的平衡。家长只有正确地认识和把握这四个层级，才能引导孩子做好自己的时间管理目标计划，让孩子最大限度地发挥其自身在学习中的作用，从而促进自己的学习。

3. 明确阶段目标，小段跟进反馈。

俗话说："罗马不是一天建成的。"同样地，终极目标也不是一天就能达成。在相对长的一段时间计划里，我们通常要把终极目标划分成若干小板块，如日计划（一天的目标）、周计划（一个星期的目标）、月计划（一个月的目标）等。只有实现了这一个个小板块的目标，我们才会走向终极目标。莫顿·亨特在《悬崖上的一课》一文中说道："注意相对轻松、容易的第一小步，迈出一小步，再一小步，就能体会每一步带来的成就感，直到达成自己的目标。"由此可见，阶段目标的达成贯穿于整个时间管理计划过程中。

因此，在家庭教育中，家长要不断给予孩子"小确幸"的感受，让孩子学会通过自我的努力获得更多的自信心。这对处在九年级鏖战阶段的孩子来说弥足珍贵。此外，与初中的前两年相比，九年级孩子的自主能力显著提高。所以，家长可以在鼓励孩子自主学习的基础上，以"半放手"的姿态对孩子进行陪伴和引导，同时监控每部分所耗时间与目标存在的差距，认真指导孩子反思，并调整自己的行为，从而培养孩子对时间利用的认知能力，进而树立正确的时间监控观。通过采取设置目标、安排学习计划、分配时间等一系列监控、反思时间利用效果的举措，家长可以更好地协助九年级孩子在忙乱中理出头绪，让孩子从容地应对各种任务的挑战，及时调节备考心理状态，为即将到来的中考积攒足够的能量。

策略三：引导九年级孩子制订符合自身实际的时间管理计划。

1. 与孩子沟通交流，制定个性化时间管理策略。

很多家长之所以对孩子的教育束手无策，主要是因为缺乏对孩子的了解，缺少与孩子的沟通和交流，对孩子做出空泛的指导。这种没有针对性和实际操作性的重复性指导让孩子心生厌烦，甚至产生反感。

作为家长，我们需要结合孩子的成长特点和个性特征，为孩子制订个性化时间管理计划提供符合实际需求的建议，才能与孩子有效地沟通时间管理问题。为此，大家可以根据下表中的内容对照自己在实际生活中的行为，或许能从中获得更清晰的认识。

步骤	有效沟通	无效沟通
前期准备	①观察记录孩子的日常时间安排 ②与科任老师进行沟通，分析孩子学习现状 ③列出九年级的重要时间节点，形成时间表	①看到孩子的成绩单，告诉孩子成绩很重要，要好好学习 ②不断告诉孩子时间很紧张，要将所有时间用在学习上
需求摸查	①了解孩子目前成绩所匹配的高中有哪些，收集这些高中的信息和历届的分数线 ②了解孩子自己的目标学校是哪些，历届录取分数线是多少 ③比较孩子的目标与现在匹配的高中的差距，确定近期需要攻克的科目	①不顾孩子的实际情况，要求孩子一定要将考上重点高中作为目标 ②要求孩子每一科都付出同样的努力，花费同样的时间和精力，美其名曰“均衡发展”“每一科都不落下”
讨论协商	①将前期观察记录的数据、情况客观描述，对事不对人，帮助孩子理清自己的实际情况 ②比较目前与目标学校的差距，确定努力的方向 ③分析各科的备考重点，列出近期的任务量 ④结合时间表，将任务进行分配 ⑤计划不止针对孩子，整个家庭的时间安排也必须一致，如学习时间内，其他家庭成员也不能进行影响孩子学习的娱乐活动 ⑥约定一个观察期，到期一起复盘，对计划进行调整	①将分析考试失误变成分析人的失误，最后变成对孩子的批评大会 ②家长单方面制定了任务和目标，要求孩子完成 ③所有计划只针对孩子一人提出诸多要求，其他家庭成员没有任何规定

续表

步骤	有效沟通	无效沟通
处理异议	①家长和孩子分别陈述观点，以客观的事实为依据，一起寻找解决方案 ②整个计划要分重点和次重点，首先确保重点项目能够完成（如需要重点攻克的科目），其他次重点可以延后再讨论 ③若无法说服彼此，家长可以做出让步，让孩子先按自身的想法实施一段时间，然后再根据孩子的实际情况提出相应的调整意见	①家长“一言堂”，直接否定孩子的所有意见，要求孩子必须听自己的 ②有争议时，家长不做任何退让，不肯对计划做任何调整
制订计划	①根据目标，将措施列出，逐条细化为可实施的任务 ②将每一项任务列入每日清单 ③连同其他家庭成员的时间安排一起列入	只有那些远大的目标，没有具体的实施方案
实施计划	①将计划打印出来，张贴在家里显眼的地方 ②家庭成员间可做一些奖惩约定，互相监督，家长与孩子都“愿赌服输”。但同时要充分考虑突发的情况，让大家都有一定的可调控空间	①实施过程中，家长随意添加或者更改要求 ②要求孩子遵守协议，但家长经常不遵守协议
观察复盘	①观察期内，家长要负责记录孩子的时间管理情况、计划完成情况，与老师保持联系，掌握孩子的学习情况变化 ②观察期止，家长主动向孩子展示观察期的记录，一起总结目标的完成程度 ③对时间管理的效果进行评估，看效率是否提高 ④对计划进行调整。根据实际情况，对计划进行阶段性调整时，可重新按以上步骤逐一开始操作	①时不时在孩子面前提醒计划的实施，但是没有具体的记录 ②凭印象对孩子的计划实施情况进行总结分析 ③对计划实施过程中，孩子的在校表现一无所知，只盯着成绩来分析孩子的得失

2. 学习科学的时间管理方法，并将多种方式融入常规计划。

学习的过程是漫长而艰辛的，学习的进步不是一蹴而就的。为了更好地帮助孩子有效地管理时间，激发孩子完成学习计划的积极性，我们可以尝试通过多种不同的方式，或者结合不同方式助力常规计划的落实。为此，家长可以了解目前常见的两种时间管理方法，并从中受到一定的启发。

（1）“番茄”工作法

这是20世纪90年代由弗朗西斯科·西里洛（Francesco Cirillo）开发的时间管理方法，也是时下较为流行的时间管理方法之一。

①重要概念

A.“番茄”=一段固定的学习时间。一般来说，一个“番茄”时间为25分钟。个人可以根据任务的实际情况设定最适合自己的番茄时间，并且不能随意更改。

B. 休息时间=两个“番茄”之间一段较短的时间。如果以25分钟为一个“番茄”时间，那么这个短的休息时间则为5分钟。当“番茄”时间延长时，休息时间也可以相应延长；循环4个“番茄”后，休息时间通常会比较长，一般为20～30分钟。

②工作流程

首先，列出需要完成的任务清单。如果待完成的任务量较大，那么可以把任务分成若干个小任务。

其次，预估完成每一个任务所需的时间。根据预估的时间，设置“番茄”钟（如计时器）。

再次，按照计划完成相关任务。其中，每完成一个“番茄”时间，需要安排5分钟的休息时间；每完成4个“番茄”时间，需要安排20分钟左右的休息时间。以此循环推进，直至完成所有任务。

最后，将“番茄”钟显示的实际使用时间与预估时间进行对比，以便下一次进行相应的调整。

③注意事项

A. 一个“番茄”时间结束后，不管任务是否完成，都要立刻停止，并进入休息状态。

B. 在休息时间内，尽量完成吃东西、喝水、上厕所等事情，同时禁止玩手机。

C. 休息时间结束后，要马上进入“番茄”工作时间。

D. 针对日常的练习，传统的“番茄”时间是充足的。但是针对耗时较长的任务，为了不频繁打断思路，每个“番茄”的时间可以适当延长。

E. 尽量避免干扰。要及时记录对自己影响较小的干扰，并在下一个“番茄”开始前主动避免这样的干扰。当对自己产生严重影响的干扰出现时，及时暂停“番茄”钟。待处理干扰后，再开启新的“番茄”钟。

④家长能做的事

A. 提前学习并实践“番茄”钟。

B. 监督孩子“番茄”钟的执行。学习和休闲的时间都要得到保证，并且互相分离。

C. 确保孩子在休息时间内没有使用手机。

D. 帮助孩子记录“番茄”钟的执行情况。

E. 利用所记录的执行情况，与孩子共同分析和调整“番茄”钟。

F. 准备一些“奖励”。待孩子完成任务后，及时通过“奖励”鼓励孩子。

假设某天有 3 个任务需要完成，每个任务所需“番茄”为两个，那么当天的“番茄”工作流程为：

列出任务清单→预估任务所需的“番茄”数→进入任务 1 →第 1 个“番茄”→ 5 分钟休息→第 2 个“番茄”→ 5 分钟休息→任务 1 完成，进入任务 2 →第 3 个“番茄”→ 5 分钟休息→第 4 个“番茄”→ 20 分钟休息→任务 2 完成，进入任务 3 →第 5 个“番茄”→ 5 分钟休息→第 6 个“番茄”→今日任务完成→对当天的“番茄”钟进行分析和调整。

（2）GTD 时间管理法

GTD 的全称为 Getting Things Done，即“把需要做的事情处理好”。这个时间管理方法出自美国著名管理思想家戴维·艾伦（David Allen）所著的 *Getting Things Done* 一书。GTD 已经成为一个专有名词。基于这个概念，逐渐衍生出了很多时间管理方法。为了更有针对性地为家庭提供帮助，我们只介绍这套管理方法中适用于九年级的时间管理内容，并提出实际的操作指导。

①核心理念：完整地记录需要做的事情。经过整理后，列出清单，并逐项执行推进。

②工作流程：收集→整理→组织→回顾→执行。这是 GTD 的五个核心步骤。

A. 收集：记录每天需要完成的所有任务。

B. 整理：详细分析每一个任务的情况，再决定任务的处理方式，大致分为：立刻完成、延后、放弃。

C. 组织：根据整理后的任务清单，按照事情的重要性、紧急性进行排序，形成最终的任务清单。

D. 回顾：核对经过组织排序后的任务，检查是否存在冲突和遗漏的情况。

E. 执行：全身心地投入其中，并遵循“一次只做一件事”的原则。

③家长需要做的事

A. 提前学习并实践 GTD 时间管理方法。

B. 当孩子分配一些次重要的任务给家长时，家长要主动做好相关的后勤工作。

C. 监督 GTD 清单的执行情况。

D. 待孩子熟练使用 GTD 安排每日事务后，家长可以引导孩子使用 GTD 做中长期的时间安排。

小明的 GTD 时间管理实践

a. 收集：小明感觉今晚要做的事情有点多，一时不知道如何安排自己的时间。于是他拿起纸笔，将他能想到的所有要做的事情都写了下来。

今晚要做的事：
买橡皮
买奶茶
买作业本

完成语文作业
完成英语作业
完成数学作业
完成道德与法治背书
完成历史默写
打篮球
打××游戏

b. 整理：看着眼前列的每一项，小明根据它们的重要程度、难度、可以完成的时间做好了标注。

今晚要做的事：
完成道德与法治背书（重要项，但难度不大，下午第8、9节课的课间完成）
完成历史默写（重要项，但难度不大，晚自习课间完成）
完成英语作业（重要项，难度大，必须今晚完成）
完成数学作业（重要项，难度大，必须今晚完成）
完成语文作业（重要项，难度大，必须今晚完成）
买橡皮（非重要项，可委托妈妈帮忙）
买作业本（非重要项，可委托妈妈帮忙）
买奶茶（非必要项，可放弃或委托妈妈帮忙）
打篮球（非必要项，可延后到周末）
打××游戏（非必要项，可放弃）

c. 组织：根据标注，小明果断将一些可以放弃或者延后的项目从清单上删除，并按完成的时间顺序、重要性等指标将要完成的项目重新排序。

今晚要做的事：
完成道德与法治背书（下午第8、9节课的课间完成）
完成历史默写（晚自习课间完成）

完成英语作业（今晚完成）
完成数学作业（今晚完成）
完成语文作业（今晚完成）
买橡皮（委托妈妈帮忙）
买作业本（委托妈妈帮忙）
买奶茶（委托妈妈帮忙）

d.回顾：小明再次认真分析这个清单，发现英语作业、数学作业、语文作业都只标注了今晚完成，可能会有冲突，于是对这三项作业进行了更加仔细的分析后，排出了先后顺序。考虑到今晚的任务较多，小明再三权衡，放弃了买奶茶的计划，以防自己晚上分心。

今晚要做的事：
完成道德与法治背书（下午第8、9节课的课间完成）
完成历史默写（晚自习课间完成）
完成英语作业（今晚完成）→新学的章节，需要及时复习，放在靠前的位置
完成数学作业（今晚完成）→大题多，最难完成，放最后
完成语文作业（今晚完成）→抄写多，可以先完成
买橡皮（委托妈妈帮忙）
买作业本（委托妈妈帮忙）
买奶茶（委托妈妈帮忙）→经思考，决定放弃

e.执行：最后，小明得到了一份时间安排合理、清晰明了、操作性强的执行清单，晚上的时间安排一目了然。

今晚要做的事：
完成道德与法治背书（下午第8、9节课的课间完成）
完成历史默写（晚自习课间完成）
完成语文作业（今晚完成）
完成英语作业（今晚完成）

完成数学作业（今晚完成）
买橡皮（委托妈妈帮忙）
买作业本（委托妈妈帮忙）

总之，GTD 时间管理法的优势是可以将任务进行精选和优先等级排序，确保最重要的事情能够最先被处理，避免次要的事情占用大量的时间。而“番茄”工作法的优势是可以将大任务分割成更易完成的小任务，通过限定时间的方式帮助孩子高效、专注地完成任务。

因此，在实际生活中，我们可以利用 GTD 时间管理方法首先对每日的工作清单进行整理，然后在执行阶段应用“番茄”工作法，并保证全身心投入，遵循“一次只做一件事”的原则。在此基础上，家长可以和孩子约定好奖惩制度，并在每次完成任务后做到及时反馈。以下是 GTD 时间管理法与“番茄”工作法相结合的示意图。

GTD 时间管理法→形成任务清单
↓
“番茄”工作法→分解任务、高效执行
↓
完成任务，得到奖励→及时正面反馈

随着孩子进入九年级，面对紧张的学习时间，他们通常没有精力在浩如烟海的方法里探寻属于自己的时间管理方法。此时，家长可以通过自主学习、探索和实践，总结多种时间管理方法的优势和长处，根据孩子的成长特点和学习的实际情况，主动引导孩子将不同的时间管理方法融入自己的学习实践，形成专属的时间管理方法，从而达到事半功倍的效果。

延伸拓展

阅读推荐

时间管理涉及孩子成长因素、外部环境影响，在应用时还要注意策略的选择和时间管理工具的具体应用。若能系统学习相关知识，了解更多的实操方法，家长们引导孩子进行时间管理时能更为科学便捷，得心应手。以下是从不同侧面介绍了时间管理知识的相关书籍，供家长们学习参考。

1.《时间管理——如何充分利用你的 24 小时》（著者：［美］吉姆·兰德尔；译者：舒建广；出版单位：上海交通大学出版社）。

理由及建议：本书为学习时间管理的“入门书”，是美国著名企业家、演说家吉姆·兰德尔对时间管理这一主题的研究成果。此书设计简约，内容通俗易懂，作者用一系列图画、对话和文本来传递关于时间管理的生涩知识，使人读来饶有趣味。家长可以重点阅读此书第二部分“让你所拥有的时间发挥最大效用”。此部分提供了若干检测量表以及具体的实施方案，传授有效利用时间的策略与技巧，文章表述接地气，方法建议针对性强，易于操作。

2.《把时间当作朋友（第 3 版）》(著者：李笑来；校注：沈璜；插画：胖兔子粥粥；出版单位：电子工业出版社）。

理由及建议：此书从心智成长的角度来谈时间管理，指出时间管理是成功的关键所在。书籍围绕如何打开心智、如何运用心智来和时间做朋友、如何理解时间管理的意义、如何在时间管理上取得突破等方面展开阐述。阅读时，家长可以结合其中实例理解正向开启心智的相关理论学说，能更清楚把握这一理论的含义和思想。

>>> 3.《番茄工作法图解：简单易行的时间管理方法》(作者：[瑞典] Staffan Nöteberg；译者：大胖；出版单位：中国工信出版集团、人民邮电出版社)。

理由及建议：作者通过自身经历总结了著名的时间管理方法——“番茄”工作法的实战操作宝典，其中包含“番茄”工作法的原理解析、核心关键节点的分解以及真实情境下应对各种外部和内部打断的有效措施。阅读时，家长可以尝试利用书中所介绍的“番茄”工作法的具体流程、工具和展开方式，联系自己孩子的实际情况，展开实操，由此观察这一方法能给孩子的学习和生活带来何种有益的改变。

评估改进

九年级孩子的时间管理培养需要家长一路的指导、陪伴。为此，家长可以用测试检验自己在时间管理方面的认知与行为是否合宜，从而让自己对孩子的指导与陪伴更科学有效。

一、自我评估

判断家长是否对孩子的时间管理有积极影响的 10 种表现

您在日常生活中的实际情况与下面列出的表现是否相符？若相符，则选“是”；若不相符，则选“否”。

	是	否
①您是否每天都注意观察孩子每天用于学习、娱乐的时间分配情况？	□	□
②您是否有指导孩子或和孩子一起讨论如何做好时间安排，并设计作息时间表？	□	□

	是	否
③您对孩子遵守或违反了时间安排，是否有相应的奖励或教育？	□	□
④您是否了解孩子无法有效进行时间管理的原因？	□	□
⑤您是否了解一些关于时间管理的工具和方法？	□	□
⑥您是否拥有一套能引导孩子做好时间安排并执行的有效方法？	□	□
⑦您是否清晰地了解自己在孩子的时间管理问题上的角色定位？	□	□
⑧您是否就孩子的时间管理问题有针对性地开展过相关亲子交流？	□	□
⑨您自己的工作生活是否能坚持做到科学的时间管理规划？	□	□
⑩您与爱人在孩子的时间管理问题上是否意见统一？	□	□

【评估参考】如果您选择“是”较多的话，说明您对孩子的时间管理问题相当重视，并且也积极地采取了一些办法去引导、改善孩子在时间管理上出现的问题，为您点赞；反之则说明您对孩子的时间管理问题不够重视，或缺乏科学有效的方法帮助引导孩子进行时间的管理规划，同时也能反映出亲子交流不够，由此，在时间管理方面也没能给予孩子积极的影响。

二、改进计划

亲爱的家长，您好！阅读本专题后，您应该对如何帮助孩子做好时间管理有了更深入的认识。下面请您结合实际情况，写出自己的改进计划，并逐项完成。

九年级下册

第四专题 合理减压，为心灵“松绑”

面对即将到来的中考，九年级的孩子和家长或多或少都会承受来自不同方面的竞争压力。有的孩子能够以积极的心态进行自我调节，有条不紊地完成自己的复习任务；部分孩子则出现紧张、担忧、害怕等心理，给自己的复习效果带来了消极的影响；还有一些孩子被压力所压倒，对即将到来的中考感到非常焦虑和恐惧，甚至出现了失眠和神经衰弱等现象，严重影响了九年级的学习和生活。

由此可见，在孩子进入中考备考阶段后，家长要积极地帮助孩子正确看待压力和焦虑、正视焦虑的存在、了解焦虑与成功的关系，同时引导孩子学会用适当的对策应对压力和焦虑，从而以积极的心态做好中考的备考和迎考。为此，在家庭教育中，家长要主动了解考试焦虑的表现，分析考试焦虑的成因，与孩子共同探讨调适压力和焦虑的方法，帮助孩子正确认识焦虑并积极应对，让焦虑转变为备战中考的动力。

案例分析

随着中考的脚步越来越近，家长们都希望孩子能够全力以赴地做好备考和迎考。但面对高强度的复习，孩子们紧张、焦虑、迷茫、自卑，甚至崩溃的状态也令很多家长苦恼不已。在九年级的一次班主任工作座谈会上，韦老师分享了九年级孩子应对各方面压力的几种典型案例。

案例一：抗压能力不足，过于焦虑。

九年级下学期开学以来，看着距离中考的时间越来越近，小雨心里很着急，很想努力学习，但总是静不下心来。面对繁重的学习和复习任务，小雨感到压力很大。在学校时，小雨的学习效率不高，所以放学回家后她要花比别人更多的时间完成各个学科的学习任务。这使得小雨每天都睡得很晚，影响了正常的作息。后来更是因为过于焦虑，小雨出现了严重失眠的情况。由于害怕父母担心，小雨难受的时候只能一个人躲在被子里偷偷哭泣，脑子里总是浮现因自己考不上理想的高中而让父母感到失望的情形。听到班主任的反馈后，小雨的父母感到很愧疚，同时也陷入了深深的忧虑。

案例二：学习状态不佳，无法适应新环境。

九年级伊始，学校对全年级学生进行了重新分班。自从进入新班级后，琪琪觉得班里的同学都比自己优秀，自己似乎有点格格不入，紧张的思绪时常萦绕在心头。为了让自己不掉队，琪琪在九年级下学期开学以来总会花费更多的时间进行学习，但是越努力越不在状态。在其他同学都在为学习成绩的进步而感到高兴时，琪琪却陷入了迷茫和恐慌中，这让琪琪的父母感到很苦恼，他们害怕琪琪因此而变得消沉。

案例三：亲子沟通不顺畅，压力倍增。

进入九年级，鹏鹏的成绩总是不稳定，这让鹏鹏感到很无奈，心里也很烦躁。鹏鹏放学回家后，父母总觉得鹏鹏学习不认真，专注力不足。因此，九年级下学期开始以来，鹏鹏的父母经常对鹏鹏在家的行为表现进行指责，还没收了鹏鹏的手机和平板电脑，希望以此督促鹏鹏端正学习态度。但是鹏鹏因为得不到父母的理解，时常与父母发生争吵。这让鹏鹏本就不稳定的学习状态变得更加起伏不定，严重影响了鹏鹏的复习，也增加了他的心理负担。对此，父母感到很困惑：难道我们督促他认真学习，也有错吗？

案例四：心理压力大，过于紧张。

彤彤是一个学习认真、刻苦的女生。在七、八年级时，彤彤的成绩一直位于班级前列。因此，她成为同学眼中的“学霸”。进入九年级后，彤彤学习更加努力了，几乎把所有的时间都用在学习上。但是每次学校组织九年级进行教学质量检测时，彤彤总会变得异常紧张，害怕自己发挥失常而被同学嘲笑、让老师和家长失望。于是，考试前一天，彤彤经常会失眠。一进考场，她就出现心跳加速、手心冒汗等现象，严重影响了自己在考试中的发挥。虽然父母也经常劝导彤彤要放松心情，不用紧张，但并没有产生什么效果，这让彤彤的父母感到很着急。

通过分析上述案例，我们可以发现，进入九年级的中考备考阶段，孩子或多或少都感受到中考带来的压力，从而产生了焦虑、害怕、迷茫和担忧等情绪。这些都深深地困扰着孩子们。因此，作为家长，我们需要主动了解和辨别孩子的焦虑表现，科学地判断孩子的备考状态，以便根据孩子的心理状态给予及时的帮助和干预，让孩子能以最好的状态迎接中考。经过梳理与总结，我们认为孩子对中考的焦虑主要有以下四个特征。

1. 生理反应。

当个体处于压力情境中时，身体会通过释放肾上腺素，帮助我们更好地适应环境。突然增多的肾上腺素会让我们心跳加快、呼吸急促。因此，出现考试焦虑时，孩子往往会伴随有一些躯体反应，如呼吸加快、心跳加速、胸闷气短、头晕目眩、脸红手抖、手心出汗、频繁上厕所等。如果情况比较严重的话，孩子甚至会出现恶心想吐、身体抽搐，或者不明原因的胃痛头痛、食欲不振、难以入睡、免疫力下降等现象。而这些生理反应也会加剧孩子的紧张感和焦虑感，形成恶性循环。

2. 认知表现。

面对人生转折点的第一次“大考”，孩子通常会有一些习惯性的思考方式，如“中考越来越近了，可是我还有很多复习任务没有完成，这可如何是好？”“这次考试很重要，我要是考不好，那该怎么办？”“如果我考不好，同学们会怎么看我？”“如果我考不好，就会对不起父母和老师”“上次我用尽全力才取得这样的成绩，但这段时间我的状态都不太好，我肯定很难再维持了”……在这样的习惯性思维影响下，孩子因为害怕无法达到预期的目标以及夸大了失败的后果，而会出现对自己的负面评价和对考试结果的担忧。

在复习备考或考试的过程中，这些暗示性语言经常会浮现在孩子的脑海中。孩子越想控制这些想法，越会陷入自我矛盾。这不仅消耗了孩子的心理能量，也让他们经常因此而无法集中注意力学习，影响了孩子正常的思维和记忆，导致思维迟滞和记性差，进而影响了复习备考的效果和考试的发挥。

3. 情绪表现。

面对高度紧张的复习，不同个性的孩子会有不同的情绪感受：有的孩子烦躁易怒，有的孩子忧郁敏感，有的孩子悲观无望……总体上看，考试焦虑引起的情绪变化，主要有不安、恐惧、焦虑、紧张、敏感、悲伤、无助、易怒、情绪多变且反复无常等表现。中考的压力通常会让孩子长期处于高度的紧张状态，一些心理调适能力稍弱的孩子还会陷入抑郁和孤独状态。

4. 行为表现。

考试焦虑常见的行为表现是考前学习时的烦躁不安和无法集中精力，考试过程中会出现一些与考试无关的行为反应。面对中考这样的考试压力，孩子在学习时容易受到外界环境的干扰。周围同学的讨论或者家人走动的声音都会让他烦躁不安，使得孩子经常出现与学习无关的行为表现，如失神发呆、四处张望、坐立不安、搓手指、不由自主地转笔或玩其他文具等。如果情况比较严重的话，有的孩子甚至会出现咬指甲、扯头发、抓挠皮肤或自伤等行为。同时，孩子会非常在意别人，特别是来自他认为重要的人的评价，从而使人际关系变得紧张。

当然，在不同的备考阶段，孩子的焦虑表现也有所区别，主要包括“考试前——烦”“考试时——慌”“考试后——悔”三个方面。

（1）考试前——烦。复习备考时，有的孩子会为考试越来越逼近的紧张气氛而烦闷，有的会为效果不佳的复习状态而烦躁，有的会为自己的能力不足而烦心，有的会为预想的考试结果而烦恼。这样的“烦”一般会随着考试的临近而逐渐加剧，也会因为成绩的起伏而有所波动。

（2）考试时——慌。考试时，有的孩子会因为紧张而出现心跳加速、呼吸急促、手心出汗、手脚发抖等生理现象。于是，孩子在答题时会忍不住想象着最坏的考试结果，甚至出现“脑子一片空白”的情况。极度的紧张和焦虑，让孩子无法集中注意力答题，从而影响考试成绩。而这种负面的体验会不断地在孩子的脑海里盘旋，从而导致孩子产生对自我的否定，并形成恶性循环。

（3）考试后——悔。考试结束后，无论孩子对刚结束的考试如何评价，他们或多或少都会有自责和懊悔的情绪。有的孩子会因为自己的粗心大意而懊悔，有的孩子会因为考前不够努力、复习不到位而感到自责，有的孩子会因为答题不规范而懊恼。在这种“悔”的影响下，孩子们会不由自主地预想考试成绩带来的后果，如“要是这次没考好，那我该怎么应对中考”“如果我没考好，同学们会不会笑话我”“要是我考得很差，父母会不会就放弃我了”等，从而让自己陷入无边无际的焦虑中，影响正常的学习状态。

判断孩子是否存在考试焦虑的重要表现[①]

请让孩子根据实际情况完成下列题目。若相符，则选“是”；若不相符，则选“否”。其中，选“是”计1分，选“否”计0分，完成所有题目后即可统计总得分。

---

① 阎加民、高胜云：《青少年学生考试焦虑的应对》，山东人民出版社，2016，第17页（略有删改）。

	是	否
①在重要考试的前几天，我就坐立不安了。	□	□
②临近考试时，我就拉肚子。	□	□
③一想到考试即将来临，我的身体就会发僵。	□	□
④考试前，我总感到苦恼。	□	□
⑤考试前，我总感到烦躁，脾气变坏。	□	□
⑥在紧张的复习期间，我常会想说：“这次考试要是不理想怎么办？”	□	□
⑦越临近考试，我的注意力越难集中。	□	□
⑧一想到马上就要考试了，我参加任何文娱活动都感到没劲。	□	□
⑨考试前，我总预感到这次考试将要考砸。	□	□
⑩考试前，我常做关于考试的梦。	□	□
⑪到了考试那天，我就不安起来。	□	□
⑫当听到开始考试的铃声时，我的心马上因为紧张而跳得很快。	□	□
⑬遇到重要的考试，我的脑子就变得比平时迟钝。	□	□
⑭看到考试题目越多、越难，我越感到不安。	□	□
⑮考试时，我的手会变得冰凉。	□	□
⑯考试时，我感到十分紧张。	□	□
⑰遇到很难的考题，我就担心自己会不及格。	□	□
⑱在紧张的考试中，我会想到些与考试无关的事情，注意力集中不起来。	□	□
⑲考试时，我会紧张得连平时记得滚瓜烂熟的知识也回忆不起来。	□	□
⑳考试时，我会沉迷在空想之中，一时忘了自己原来在考试。	□	□
㉑考试时，即使不热，我也会浑身出汗。	□	□
㉒考试时，我想上厕所的次数比平时多些。	□	□
㉓考试时，我紧张得手发僵，写字不流畅。	□	□

	是	否
㉔考试时，我经常会看错题目。	□	□
㉕在进行重要的考试时，我的头会痛起来。	□	□
㉖发现剩下的时间来不及做完全部考题，我就急得手足无措，满头大汗。	□	□
㉗如果我考了低分，会害怕家长或老师严厉指责我。	□	□
㉘考试后，我发现自己懂得的题没有答对时，就十分生自己的气。	□	□
㉙在几次重要考试之后，我都腹泻了。	□	□
㉚我对考试十分厌烦。	□	□
㉛只要考试不计成绩，我就会喜欢考试。	□	□
㉜考试不应该在像现在这样的紧张状态下进行。	□	□
㉝要是不进行考试，我就能学到更多的知识。	□	□

【评估参考】

A.26分以上：考试焦虑程度严重。孩子在考前较长一段时间对考试感到焦虑和恐惧，考试时常常怯场，严重影响复习备考的效果以及考试中的正常发挥，对身心健康有较大危害。此时，家长需要帮助孩子尽快找出心理解压的办法，或寻求心理工作者的帮助。

B.16～25分：考试焦虑程度偏高。孩子在考前较长一段时间对考试感到担忧和害怕，影响了复习的效果，考试时经常没能考出实际水平，对身心健康有害，需要进行自我调整。

C.6～15分：考试焦虑程度正常。孩子面临考试有点不安，但不影响复习和考试，且这种轻度焦虑有助于孩子发挥得更好。

D.0～5分：考试焦虑程度偏低。孩子能够镇定自若，以较轻松的态度对待考试。但若分值很低，也说明孩子对考试不在乎。

总的来说，每个孩子在压力状态下的焦虑表现会有所不同：有的可能只会出现轻微的生理症状，有的可能会表现出比较明显的情绪变化，有的会抑制不住自己胡思乱想，有的也许会通过对他人发脾气或逃避学习等方式疏解自己的压力。当然，不同个体的焦虑持续时间和影响程度也不一样：有的孩子只有在重大考试时才会出现轻微的焦虑表现，并能通过自我的调适快速地恢复；而有的孩子无论面对什么性质的考试都会出现焦虑表现，而且还会长期处于焦虑的状态中，影响了备考复习的效果以及考试的正常发挥。为此，家长可以加深对孩子性格特点的了解，主动关注孩子的学习状态和行为表现，并及时给予正确的指导和建议，引导孩子克服考试压力带来的焦虑，从而以更积极的状态做好备考和迎考。

了解孩子

虽然每一个孩子的复习备考状态不同，考试焦虑的程度不一，表现也有所差异，但我们还是可以从中找到一些特点和规律。当孩子进入九年级，家长要主动了解孩子的学习和心理特点，与孩子共同分析引起考试焦虑的因素，掌握和理解孩子在备考过程中的所思所想，从而更好地陪伴孩子应对人生的第一次大挑战。一般来说，孩子之所以出现考试焦虑，是因为受到外在和内在因素的共同影响。

一、外部层面。

1. 家庭因素。

心理学研究结果表明，家庭的结构、家长的教养方式和家庭环境都会对孩子的复习备考有所影响。过分严厉、过分干涉、溺爱、过度保护等不良教养方式容易让孩子形成自控力差、应挫力低、情绪易失控、自我否定等人格特征，从而导致孩子在高压状态时产生焦虑。

这时候，家长要以民主的方式、尊重理解的态度，通过适度开放和恰当的干预，积极地引导孩子的成长，给孩子营造一个温馨、和谐的家庭氛围，帮助孩子形成良好的行为方式和人格特征。只有这样，孩子才能够以更积极的态度、更稳定的情绪、更持久的毅力应对复习备考，从而有效地减少考试焦虑。除此之外，家长对考试的理解、对孩子考试成绩的期望值以及家长自身的心理状态也是影响孩子考试焦虑程度的重要因素。如果家长过于夸大中考对孩子成长的作用，对孩子提出了过高的期待，或者家长本身对中考也存在着较大的压力和较高的焦虑，就更容易让孩子产生考试焦虑，使孩子陷入压力的旋涡。

2. 学校因素。

学校是学习和考试的主要场所，学校的学习风气、竞争氛围、评价机制、校园文化以及教师的行为特点等都与学生的考试焦虑有着密切的关系。如果学校片面追求升学率，频繁地组织教学质量检测，将考试成绩作为评价学生成长的唯一标准，那么孩子就失去了通过体育锻炼、文娱活动等途径展示自我、发展自我的机会。这样的环境会不断增加孩子的心理压力和负担，从而引发对考试的焦虑。

3. 社会因素。

国家的教育制度、人才竞争方式、社会文化等社会环境因素也是导致孩子产生考试焦虑的重要因素。虽然素质教育在不断深化和推进，但学习成绩作为学业考核和人才选拔的重要评价方式仍贯穿于整个教育过程。这使得孩子在成长的过程中必须经历大大小小的考试，从而让孩子体验着不同考试所带来的焦虑。当然，社会因素也许不会直接对孩子产生影响，但会影响家长的教育观念和教养方式，也会影响学校的教育氛围，进而让孩子产生考试焦虑，无形中把“减压”变成了“加压”。

二、内在层面。

1. 个性特征。

为了更好地认识不同个性特征孩子的成长特点，我们从“乐观与悲观”“情绪稳定程度”“意志坚韧程度”“完美主义倾向程度”四个方面进行分析。

（1）乐观与悲观方面

积极乐观的孩子对考试和压力更有控制感。他们更主动地尝试寻找积极的方法应对困难和压力。而消极悲观的孩子往往陷入自我否定的误区，总觉得遇到的困难是难以克服的。于是，他们会寻找各种理由证明自己无法克服困难，从而失去了尝试解决压力的欲望和动力。在面对备考压力时，他们更容易产生考试焦虑。

（2）情绪稳定程度方面

情绪稳定的孩子对情绪有更好的调节和控制能力。他们在复习备考时更加专注，考试焦虑程度低。而情绪稳定性差的孩子常常会表现得喜怒无常、性情急躁，这不仅会引起孩子内心的焦虑，而且会增加其心理的压力，进而影响正常的复习和备考。因此，情绪稳定性差的孩子需要通过长时间的心理调节应对不良情绪所带来的波动和困扰。

（3）意志坚韧程度方面

意志坚韧的孩子能够理性地看待困难和挫折，将挫折转化为成长的动力，善于从失败中寻找经验和方法，越战越勇。而意志力薄弱的孩子会扩大挫折带来的消极影响，会因为遭遇挫折和暂时的失利而失望、气馁，进而产生对考试的焦虑和惧怕，让自己陷入压力的泥潭。

（4）完美主义倾向程度方面

有完美主义倾向的孩子会对自己提出过高的要求或对自我的评价偏低且不客观。他们更关注自己没做到位的地方，更关注自己的不足和失利，很难在学习和考试中收获成就感和价值感，从而产生考试焦虑。非完美主义者则能够更为客观地评价自己的能力，给自己制订合理的目标，更容易看到自己的进步之处，也更能收获学习的成就感和价值感。他们懂得如何释放压力，如何缓解对考试的焦虑。

2. 知识技能储备。

当孩子有扎实的基础知识和充分到位的复习时，他们会对考试更有信心，从而降低焦虑感，学习压力也会随之减少。但当孩子处在知识漏洞多、复习不完全充分的状态时，他们就会失去对考试的信心，产生强烈的焦虑感，心理负担也会随之增加。而消极地应对压力，如拖延、逃避、自责、推诿等，会导致孩子的焦虑感不断加深。由此可见，有效的应试技巧和方法能帮助孩子更好地应对考试，进而减轻焦虑感。因此，家长要引导孩子积极应对压力，如制订合理的目标和计划、及时调整复习进度和重心、学会求助、合理作息等。这样既能让孩子对考试更有信心，也能够帮助孩子及时正确地调整焦虑情绪，避免产生不良后果。

3. 认知评价。

考试焦虑的认知评价主要包括两个方面：一是对考试的看法；二是对自身能力的评价。面对同样的考试，不同的孩子会产生不同的焦虑反应。之所以会出现这样的情况，是因为孩子们的认知评价存在不同程度的差异。对孩子来说，每一次教学质量检测都有着不同的意义和重要性。当孩子认为这场考试对自己具有重大意义（如考试决定着他的前途、意味着他的能力是否被看到和认可、是否能够得到相应的奖励等）时，孩子在这样的压力状态下更容易变得焦虑。这也是许多孩子在面对中考时更为紧张的原因。

此外，孩子对自身应对考试能力的评价也会影响焦虑值，这和前面的技能储备有所不同。技能储备是客观的能力，而自我认知是对自己是否有能力应对考试的评价。孩子如果认为自己有足够的能力应对考试，则不会产生过多的焦虑，懂得通过自我调节疏解压力；孩子如果认为自己能力不足，则会把考试当作一种威胁，进而产生焦虑感，不断增加自己的心理压力。

4. 身体素质。

体能素质是否良好是孩子能否顺利应对中考压力的重要影响因素。通常情况下，身体素质良好的孩子会有充足的能量、充沛的精力应对高强度、长时间的复习备考过程以及高度紧张的考试情境；而身体素质较弱的孩子会因为精力不足而无法保持良好的精神状态，从而让自己在复习备考时变得手忙脚乱，考试时也无法集中注意力，进而影响考试的发挥。因此，作为家长，我们要通过合理的膳食搭配让孩子摄入充足营养；同时引导孩子养成良好的作息习惯，保证正常的睡眠；并通过必要的文体活动，引导孩子主动放松心情，缓解考试的压力，从而让孩子以更好的身心状态应对复习备考。

站在人生的十字路口，面对前所未有的压力，孩子们通常会存在焦虑的情绪，这是孩子正常的应激反应。但是父母也不能对此置之不理，而是要结合孩子的成长特点，对这些行为表现进行分析，帮助孩子缓解焦虑感，从而有效地减轻各方面的压力。

很多时候，孩子的心情是极其复杂的：他们也许想努力，但自控力不强；他们也很想集中精力学习，但实在无法保持平心静气的状态；他们有时想安慰父母，但总控制不住自己的情绪……因此，父母要学会倾听孩子的心里话，以便给予孩子更有针对性的帮助。

愧疚自责型

悲观沮丧：其实我只是一个普通人。你们过高的期待让我倍感压力，甚至陷入迷茫中不知所措。希望父母不要抱有太大的希望。

自责不已：我也想考上高中，可我的学习能力比较一般。我真的很害怕要是我考不上，会让你们失望。有时候我会因为考试不理想而伤心、难过。我让你们担心了。

羞愧不安：我一直很感谢你们对我的付出。可面对你们，我也会因为你们的一些行为而感到不适，甚至生气，也会经常回想起那些我认为对我不公平的事。希望父母能给予我更多的理解和包容。

渴望独立型

反感抵触：你们总会按照自己的期望和想法要求我，干涉我正常的学习计划。我很抵触这样的做法。你们在做决定时从不考虑我的感受，而是一味地要求我遵照执行。我也有独立思考能力，这种干涉让我很反感。

盼望自主：在最后的复习阶段，我希望父母不要再给我购买学习资料了。经过这么多考试，我已经知道自己的优势和不足，也懂得了自我管理和自我约束。请让我按照自己的方式做好最后的冲刺吧！

抵制束缚：距离中考仅剩 100 天了。你们时时刻刻都要求我在家学习，让我失去了自我调节的空间。希望父母不要把我“困”在家里，我也需要到户外放松一下自己的心情。

渴望鼓励型

盼望肯定：中考的复习和备考并不是一件容易的事情，成绩的起伏也是常有的情况。在我付出努力后，成绩却依然没有太大进步时，我希望父母能对我的努力予以肯定。你们的鼓励能让我对未来充满信心和希望。

期待赞许：九年级对我来说是一个煎熬的阶段。我希望父母能在我为数不多的高光时刻给予我足够的赞赏和表扬。这样的话，我会更有信心带着你们的认可与期许不断向前冲。

寻求帮助型

改过自新：感谢父母的关心和陪伴！我会在复习的最后阶段加强自我管理，不再浪费时间看电视、玩手机了。我也希望你们能帮忙监督和提醒我。我相信我一定可以做到的。

期待支持：九年级的复习对综合能力要求很高。我希望父母能给予我一切实际的帮助和支持。比如，我希望爸爸能发挥数学优势，指导我更多的解题方法和思路；妈妈能运用自己的语文知识，对我的语文阅读和写作提出具有可操作性的建议。你们的帮助和支持是我前进道路上的不竭动力。

进入中考备考阶段，父母不应该只是一味地关注孩子的成绩，而应该认真分析孩子的成长与发展动态，主动帮助孩子通过恰当的方式合理缓解压力。同时，父母更不能因为孩子出现负面情绪而对孩子抱怨或感到失望，甚至放弃，而要及时地引导孩子主动分析背后原因，并与孩子共同探讨解决问题的方法。由此，孩子才能真正地“减压”，以更乐观、自信的姿态应对中考的各种考验和挑战。

实施指南

对九年级的孩子来说，中考不只是对知识储备和应试技巧的考验，而且是对学习规划能力、时间管理能力、应对挫折能力、人际交往能力、处理问题能力等诸多方面的考验。因此，作为家长，我们要学会主动将注意力从孩子的成绩中抽离，运用恰当的方式引导和帮助孩子。只有这样，孩子才能在收获成绩的同时，获得身心的健康成长。备战中考的过程，不仅是孩子的成长过程，也是整个家庭的成长过程。家长可以尝试使用以下几种策略指导自己在家庭教育中的行动。

策略一：接纳焦虑，正确看待压力。

1. 接纳焦虑。

在现代社会中，当面对我们认为是对人生发展有重要影响的应激事件时，我们会下意识地关注让我们觉得危险的信息，进而产生焦虑感。在这样的压力和焦虑交织的状态下，我们也同样会有心跳加快、呼吸加速、手心出汗等现象。

对于九年级的孩子，中考可以说是人生的第一次重大选择。站在这个重要的人生十字路口，孩子难免会出现焦虑、不安的心理。因此，当孩子出现紧张表现时，家长可以帮助孩子理解这些正常生理现象，主动接受因压力引起的焦虑，从而引起孩子对中考的重视，并全身心地投入其中。同时，家长还要提醒孩子不必刻意去追求绝对放松的状态，而是通过让自己保持适度的紧张情绪，避免陷入松懈的状态，以便更加从容地应对考试的压力。

2. 正确看待压力。

我们总会习惯性地害怕压力，但其实压力对复习备考不只有消极的影响。适当的压力会对考试动机具有一定的促进作用。心理学研究结果表明，考试动机与学习效率之间的关系呈倒 U 形曲线，即动机过强或过弱都会使学习效率下降，而中等强度的动机更有可能保持最佳的学习效率。

因此，在实际生活中，当孩子在复习备考过程中出现轻度或重度的焦虑时，家长不必过于紧张，而是应该引导他通过调节紧张和焦虑，调动自己的能量和其他积极因素主动应对考试的压力，确保考试的正常发挥。只有正确地看待压力，我们才能帮助孩子正确处理备考和迎考过程中的各种情绪和考验，从而把压力变成学习的动力，促进自己的进步。

◆ 策略二：准确定位，合理表达期待。

一般来说，过高的期待会让孩子感受到目标和现实的巨大差距，从而出现过分的担忧和焦虑等情绪，进而失去对学习的信心；而家长的期待过低则会让孩子感觉父母对自己没有信心、放弃了自己，使孩子找不到前进的方向和动力，抑或为了让父母对自己刮目相看而给考试赋予了不必要的内涵，从而增加了内心的压力。

因此，作为家长，我们要在充分了解孩子的基础上，对孩子进行准确的定位，合理地设定和表达对孩子成长的期待。为此，家长要做到以下几点认识：①孩子是独立的个体，孩子学习的目的是让自己得到更好的成长，他们的成绩不代表父母的面子和家族的希望。②学业成绩只是孩子在学校某个阶段学习状态的体现，并不代表他的全部能力，更不是一个人优劣的体现。③中考的目标应该定在“跳一跳能达到的位置”，也就是孩子在老师和家长的帮助下能够尽力达到的水平。只有这样，家长才能理性、乐观地接纳孩子的情绪，正确引导孩子以平常心对待中考，让孩子在快乐学习中健康成长。

◆ 策略三：转变认知，理性对待考试。

适度的焦虑能让孩子更好地应对考试，但过度的焦虑会影响孩子的备考状态和身心健康，让家长担忧不已。在实际生活中，我们总习惯将自己的负面情绪归咎于遇到的事情。比如，孩子整天玩手机让我们很愤怒、孩子考试成绩下降了让我们很焦虑。

因此，为了更好地帮助孩子，家长要及时转变对压力的认知，引导孩子理性地对待中考的备考和迎考。为此，我们可以和孩子共同尝试采用情绪 ABC 的操作模式，主动觉察和调整情绪，从而巧妙地缓解焦虑，达到释放压力的效果。这个方法需要我们先整理情绪内容和原因，然后逐一列成清单。我们可以参考以下范例。

①我遇到了什么事情？
前天老师在课堂上提了一个挺简单的问题，但是我答错了。做课后练习时，我遇到很多难解的题目。
②我当下的情绪和感受是？
焦虑、害怕。
③对于这件事情，我是怎么想的？
对于其他同学熟练掌握的知识，我却觉得很生疏。我估计很难考上高中了。
④这个想法是否合理？如不合理，请找出不合理之处。
不合理。因为我的想法过于绝对化，而且以偏概全。
⑤怎样应对这些不合理做法？
尝试转换角度进行思考，让不合理转变为合理。例如：a. 我只是对某个学科的某个知识点的复习不到位，并不是所有的同学在所有的科目都掌握得比我好。b. 现在距离中考还有一段时间，我还可以抓住后面的时间比同学们更努力一点，争取把自己落下的知识补回来。c. 焦虑、害怕提醒我要认真地对待学习，并积极向老师、家长和其他优秀的同学寻求帮助。
⑥改进措施
主动接纳情绪，结合自己的能力和状态，制订合理的学习计划。

◆ 策略四：关注未来，快速解决问题。

面对压力时，有些人关注过去，聚焦在问题层面；有些人关注未来，聚焦在解决层面。那么，什么是关注过去聚焦问题，什么是关注未来聚焦解决？接下来，我们可以通过以下两组对话，体验这两种问法对情绪以及对解决方案的影响。

1. 与孩子一起完成“关注问题”的对话。

①	你最近遭遇的一个困境是什么？
②	这个困境持续了多久？
③	你认为这个困境为什么会发生？是谁造成的？
④	发生这样的事情，你的感觉与想法是什么？
⑤	这个困境对你造成了什么影响？
⑥	你曾经用过哪些方法来处理这个困境，为什么会失败？
⑦	因为处理失败，你的感觉与想法又是什么？

2. 与孩子一起完成“关注未来”的对话。

①	你最近遭遇的一个困境是什么？（与“关注问题”对话是同一个问题）
②	你希望这个困境最后的解决情况或最美好的结局是怎样的？如果发生了，你的一切会有什么不同？
③	这个困境什么时候不会发生或比较不严重？为何能如此？
④	当你面临这个困境时，什么力量让你撑（面对）过来？
⑤	若问你周围的好朋友，对你面临的这个困境，他们会给你什么样的建议（鼓励、肯定）？
⑥	你觉得你需要什么资源或力量来帮助你处理这个困境？你要如何找到这些资源？
⑦	如果用 10 分来评估你与目标的距离，你会打几分？若有前述资源后，又可以达到几分？所以你觉得可能可以跨出的第一步是什么？

通过对比两组对话完成之后的情绪变化，我们发现第二组对话为我们提供了解决问题的基本方向。此外，两组对话的最大区别在于前一组对话以问题为导向，后一组对话以解决问题为导向。在实际生活中，以解决问题为导向的对话通常更容易让我们从焦虑情绪中抽离，并找到解决问题的方案。因此，当孩子因为考试压力而产生焦虑情绪时，家长要主动转换思维，引导孩子直面困难，并与孩子共同探索解决问题的办法，从而有效地助力孩子学习和成长。

◆ 策略五：系统脱敏，有效调节焦虑。

如果孩子的焦虑反应较为严重，家长可以考虑使用系统脱敏法。系统脱敏是调节焦虑常用的方法，主要是让焦虑者列出让他感到焦虑的场景，并逐步通过心理放松的状态应对这些不同场景产生的焦虑情绪，从而达到调节焦虑的目的。为此，家长可以参考下面列出的步骤，更好地指导自己的实践操作。

> >> 1. 建立焦虑等级层次。

这个环节主要包括两个方面：①让孩子列出让他感到焦虑和害怕的场景和事件。比如，“看着考试时间越来越近，我感到很害怕”“想到明天就要考试了，我就忍不住担心”“看着同学们在努力学习，而自己进步不大，感觉很焦虑”“进入考场，我就心跳加速”“拿到试卷的时候，我的手在发抖”“遇到难题，我的头脑一片空白”“考试快结束了，我还有很多题没写完”等。②将焦虑场景或事件按照程度由轻到重进行排序。

> >> 2. 进行放松训练。

家长可以选择一个安静、不被打扰、光线柔和、温度适宜的环境，让孩子以最舒适的姿势坐着或躺着，让孩子彻底放松自己，进入不被打扰的时空。放松训练一般以每天训练 1 ～ 2 次，每次一般为半个小时为宜。在训练的过程中，孩子会通过呼吸、想象等的方式放松自己。经过 6 ～ 10 次的反复训练后，孩子一般都能及时调整紧张的情绪，快速进入放松的状态。

3. 系统脱敏。

系统脱敏是调节焦虑最关键的一步，主要包括三个方面：①在进入放松状态后，每次进行系统脱敏训练时，家长要带领孩子进行肌肉放松训练，让孩子体验肌肉紧张和松弛的区别，为后面的脱敏做好准备。②根据孩子的焦虑事件等级表，首先让孩子想象等级最低的场景。如果孩子感到紧张，则停止想象并进行全身放松，放松后继续进行该等级的想象。通过反复地进行想象脱敏训练，孩子逐步完成对该场景的脱敏，即当想象该场景时，不再感到紧张和焦虑。接着，家长可以以此类推地进入下一个等级的脱敏。每次训练的等级不宜超过 4 个。③在完成所有等级的想象训练后，家长可以让孩子尝试在现实场景中进行脱敏训练，仍然是按照等级由低到高逐步脱敏。

◆ 策略六：适度关注，有效给予支持。

面对中考，一些家长似乎比孩子还要焦虑：有的会比平时更严厉，有的比平时更亲切，有的则比平时更加关注孩子的成绩和学习……家长的不安会给孩子带来更大的压力，引发更强烈的焦虑。因此，在孩子的复习备考阶段，家长要学会适度关注，有效地给予孩子应有的支持和鼓励。

1. 营造温馨环境。

首先，家长应主动调节焦虑、及时调整自己的情绪，始终保持心态的平和，为孩子营造温馨、和谐的家庭氛围，不要让工作压力和家庭矛盾影响孩子的状态。其次，家长要创造安静的学习环境。在中考备考期间，家长尽量不要在家里举办家庭聚会和应酬，减少外在因素对孩子学习的干扰。最后，家长要主动用实际行动陪伴孩子。当孩子在学习时，家长可以放下手机，关上电视，用阅读来陪伴孩子，让孩子拥有更浓厚的学习氛围。

2. 给予适度关注。

不少孩子的备考压力来源于家长的过度关注。比如，有的家长在孩子初中的前两年总忙于工作，待孩子进入九年级后，才突然变得过于殷勤；当孩子一回到家时，有的家长就总是忍不住询问孩子的学习成绩；有的家长甚至因为担忧孩子的成绩，盲目地给孩子购买资料，过分干预孩子的自主学习……这种过度的关注无形中加重了孩子的心理压力和负担，反而让孩子无法更专注地进行备考复习。

作为家长，我们要明白适度的关注才能让孩子心无旁骛地在备考中保持最佳状态。为此，家长可以这样做：①主动向老师咨询九年级的课程、中考制度和孩子的复习状态，以便明确对孩子的合理期待。②和孩子一起探讨中考的目标和复习计划，以及相关弱势科目的优化和提升方案，给予孩子有效而适度的帮助；也可以通过查阅相关资料，获取相关信息，主动与孩子分享应对中考的方法和建议。③尊重孩子的选择，信任孩子的努力。进入复习备考阶段，孩子已经明白了中考的重要性。也许孩子偶尔会有些松懈，家长只需要稍加提醒即可，避免因过度唠叨而与孩子发生冲突。家长要对孩子有信心，相信孩子自我成长的节奏和调整的能力。④当孩子情绪不佳时，家长要先控制自己的好奇心，不要过分“关心”，给予孩子独立思考与自我调节的机会和空间。待孩子情绪平复后，也许家长的包容和理解会成为孩子主动倾诉内心感受的动力。在这个阶段，家长的默默注视、积极鼓励才是孩子不断前进的动力。

3. 做好生活保障。

进入九年级，孩子每一天都需要完成繁重的学习任务。这就需要孩子拥有充足的体能、健康的身体和充沛的精力。因此，在复习备考的关键阶段，家长可以为孩子提供营养均衡的饮食，引导孩子养成规律的作息，并带领孩子参加适度的运动，从而做好孩子的后勤保障工作，让孩子毫无顾虑地不断向既定的目标奔跑、前进！

4. 保持有效沟通。

在孩子进入中考的备考阶段时，许多家长面对与孩子的沟通总会显得不知所措。尤其当孩子因为学习压力而出现某种情绪或者复习状态不佳时，家长会陷入自我焦虑，或采取不恰当的沟通方式，使得亲子关系频频陷入僵局。其实，对孩子来说，家长的理解胜过千言万语。

在九年级的家庭教育中，家长要做一个合格的倾听者、陪伴者，不要急于表达自己的看法和建议，而要让孩子充分宣泄自己的情绪。与此同时，家长切记不要唠叨，因为无效的重复只会让孩子更为烦躁。只有这样，家长才能与孩子保持有效的沟通，让孩子主动接受家长给予的建议和指导，从而使家长和孩子在中考的备考和迎考过程中相互促进、共同成长。

延伸拓展

适度的压力和焦虑有助学习、工作和生活的有序开展，过度的压力和焦虑则不利于我们和孩子的成长。我们都需要理性地对待压力和焦虑，也要学会用更多的方式进行自我调整。以下书籍和音频从不同角度阐述了压力和焦虑的产生机制以及应对方式，我们可以学习借鉴。

一、阅读推荐

1.《青少年学生考试焦虑的应对》(主编：阎加民、高胜云；出版单位：山东人民出版社)。

理由及建议：该书从心理学的角度对考前、考中和考后出现的焦虑症状分别进行了分析，并提出相应的应对方法。通过设计心灵故事、心灵解码、心灵处方等板块，作者给读者展示了考试焦虑的典型案例、分析原因并提出相应的应对策略。阅读时，家长可以从典型案例中寻找与自身教养方式的相似之处，了解焦虑产生的原因，并选择合适的应对策略帮助孩子有效备考。

2.《心理学家支招——远离考试焦虑》(主编：向泓霖；副主编：屈沙、曹贵康；出版单位：西南师范大学出版社)。

理由及建议：作为一本适合孩子自己阅读的成长读本，该书通过认识考试焦虑、面对考试焦虑、缓解考试焦虑和轻松应对考试焦虑四个章节，对考试焦虑进行科学的分析并介绍科学的应对方式。每个章节里的“身边的小故事”环节用孩子熟悉的故事让孩子减轻焦虑感，“Q 讲堂”环节用专业的心理学知识分析考试焦虑的表现与成因，“小测试”环节通过趣味小测试让孩子对自己的状态进行初步判断……该书通俗易懂，兼具科学性和趣味性。家长可以与孩子共读。

3.《克服压力——认知行为自助手册》(作者：[英]李·布萝珊、吉莉安·托德；译者：信乔乔、王非、吴丽妹；出版单位：上海社会科学院出版社)。

理由及建议：作为一本自助手册，该书通过生活中的案例分析压力的概念、压力与个性的关系、压力对我们工作生活和健康的影响，并从“认知行为疗法”的视角探讨提升应对压力的能力。该书适合家长阅读，我们只有对压力进行科学的管理，才能以更好的状态陪伴孩子成长。

二、音频推荐

想象放松训练（来源：喜马拉雅）

理由及建议：放松训练和系统脱敏训练对于缓解考试焦虑情绪有较好的效果，但放松的步骤和过程对于非心理工作者来说有些许难度。家长们可以通过收听音频《如何用系统脱敏训练减轻焦虑反应？》详细了解系统脱敏训练的步骤和过程，并跟随“想象放松训练”音频的指导语进行放松训练。建议家长先自行了解并尝试放松训练后，再与孩子一起进行系统脱敏练习。

评估改进

一、自我评估

判断家长是否能够帮助孩子合理减压的9种表现

您在日常生活中的实际情况与下面列出的表现是否相符？若相符，则选“是”；若不相符，则选“否”。

	是	否
①我会因为孩子的考试失败而责骂他。	□	□
②当孩子在学习上遇到困难时，我无法帮助孩子寻找解决问题的办法。	□	□
③每次重大考试期间，我显得比孩子还紧张。	□	□
④我曾经拿孩子的考试分数和别的孩子做比较。	□	□
⑤我经常跟孩子说希望他能够成为出类拔萃的人。	□	□
⑥孩子放学回家，我问得较多的话是“最近考试了没？考了多少名？”	□	□
⑦我曾经在别人面前批评孩子。	□	□
⑧孩子从未跟我说起他的学习情况。	□	□
⑨面对孩子在复习备考中遇到的困难，我常常难以理解。	□	□

【评估参考】如果您选择“是”较多的话，说明您需要改变观念，调整自己对孩子的期望值，运用恰当的方式与孩子进行沟通，尝试寻找合适的方法帮助孩子有效备考。

二、改进计划

亲爱的家长，您好！阅读本专题后，您应该对如何帮助和指导孩子在九年级合理减压有了更深入的认识。下面请您结合实际情况，写出自己的改进计划，并逐项完成。

第五专题 学涯规划，合理期待造就幸福的孩子

九年级是整个初中阶段最关键的一年。面对中考的巨大压力，孩子们需要具备学涯规划的能力。在七、八年级学习分化后，自信的孩子获得了较好的成绩，而对升学感到迷茫的孩子则会变得自暴自弃。因此，家长必须帮助孩子认知自我，设置符合自己实际的人生目标，以及帮助孩子了解达到目标所需要的条件和技能，并根据孩子自身的特长、兴趣爱好和性格特点，引导孩子制订合理的九年级学习计划，以便及时做出科学的学涯规划。

在实际的家庭教育中，家长不仅要对学涯规划有基本的认识，而且还要引导孩子使用相关的测评工具，帮助孩子认识自己的能力和优势，从而与孩子共同探索制订学涯规划的最优方案。此外，家长在帮助孩子持之以恒地按照规划努力学习的同时，也能促进父母的自我成长和亲子关系的和谐与友好。

案例分析

在九年级中考备考的一次家长会上，年级主任李老师结合实际案例，向家长们分析了做好学涯规划的重要性，并介绍不同教养方式对孩

子发展产生的不同影响。

案例一：制订规划不合理，效果不佳。

霖霖是一个成绩处于中等水平的孩子。进入九年级，霖霖就制订了要考上县里示范性高中的规划。在执行学涯规划的过程中，霖霖的父母因时常外出工作，而不能陪伴孩子成长，也没有尽到应有的监督责任，没有帮助孩子按照自己的规划推进自己的学习。此外，由于对中考政策并不了解，父母也没有给予霖霖实际性的指导意见。面临着巨大的考试压力，霖霖渐渐力不从心，并在没有人监管、监督的情况下，逐渐变得松懈。在几次模拟考中，霖霖的成绩都没有达到往年示范性高中的录取要求，这让霖霖的父母感到很懊悔。

案例二：制订的学涯规划违背了孩子的意愿。

进入九年级，依依和父母讲述了自己想读职高的想法。依依认为她更希望学习一门技能或手艺，让自己能够在未来具有更多的独立性和自主权。可是，依依的父母并不支持依依的想法，而是希望依依能接受高中教育。于是，他们擅自联系学校老师，阻止依依报考职高。后来，依依也做出了妥协，但是在执行父母制订的人生规划过程中，依依屡屡受挫，逐渐失去了对学习的兴趣，没有了前进的动力。整个人变得闷闷不乐，每天得过且过，敷衍了事。

案例三：根据孩子的特点，科学地制订规划。

嘉嘉是一个热爱音乐的孩子。在初中前两年，她曾多次参加市级青少年歌唱比赛。在九年级的第一次教学质量检测考试中，嘉嘉的文化课综合成绩离示范性高中的录取要求还有一段差距。经过综合分析，嘉嘉的父母认真研读了中考的相关政策和要求，并结合嘉嘉的兴趣特长，与嘉嘉共同制订了以艺术特长生的身份考入示范性高中的学涯规划。在此目标和规划的指导下，嘉嘉与父母主动制订了详细的学习计划，并同时兼顾了艺术特长培训和文化课学习，这让嘉嘉对即将到来的中考充满信心，更加坚定了心中的目标。

学涯规划，即学业生涯规划，主要指的是学历教育阶段的学业生涯规划，由学涯想象、设计、确立演变而来。其核心包括三个步骤：①了解自己，确立方向；②了解在相应学习领域成功所需要的条件、技能，以及储备知识；③了解从确立方向开始的完整过程，做出学涯规划。经过对案例进行分析，我们发现影响孩子学涯规划的制订与执行主要有以下几个方面的因素：

1. 缺乏陪伴和督促，执行力不足。

升入九年级，很多孩子常常会凭借满腔热血，草率地制订自己的学涯规划。而在执行过程中，由于没有得到父母的帮助和支持，孩子们渐渐陷入茫无头绪的状态。案例一中的霖霖就是这种情况。

之所以会出现这样的问题，主要是因为孩子缺乏经验，对自身的优劣势不明确，缺乏对自我的全面认识，从而使得所制订的学涯规划与自己的实际情况并不相符。而缺乏家长的陪伴、监督和指导也是孩子没能坚持执行规划的重要因素。在这样的双重作用下，孩子最终无法达到预期的效果。

2. 缺乏自主性，失去前进的动力。

孩子进入九年级后，很多家长会希望孩子按照自己的期望和标准制订学涯规划，而忽视了孩子的想法，以及兴趣、特长。在家长看来，孩子要无条件地接受父母所制订的规划，但是这往往会导致孩子在执行规划中缺乏主动性，被动地完成任务，造成事倍功半的后果。

在案例二中，依依有自己对未来人生的想法，但是没有得到父母的支持，甚至遭到了阻拦，这让依依变得没有自主权，最终失去了前进的动力。

3. 精准定位，合理规划。

案例三中的嘉嘉是学涯规划成功的典型代表。嘉嘉的父母主动分析孩子的优势和特长，积极地研究中考的要求和高中录取条件，并在与孩子共同探讨后，确定了孩子的学习目标和发展方向，从而使得学涯规划既符合孩子的客观能力，也得到孩子的赞同。在实施过程中，在父母的监督和孩子自身的努力双重影响下，嘉嘉最终能按照所制定的学涯规划不断向自己的目标迈进。由此可见，做好学涯规划需要外因和内因的共同作用。

> >> 4. 不同的教养方式对孩子学涯规划的制订和执行也产生不同的影响。

从上述案例内容中，我们可以明显看出不同家庭的教养方式确实会对孩子的发展有不同的影响。心理学家戴安娜·鲍蒙瑞德经过多年的调查研究，提出了家庭教养的四种方式，即权威型、专制型、溺爱型、放任型。

不同教养方式下的父母特征和孩子特征①

教养方式	父母特征	孩子特征
权威型	对孩子温暖而严厉，对孩子的行为有明确的规定要求，但在制订规则和做决定时会考虑孩子的需要和想法，听取并接受孩子的意见，会对制订的要求做出解释，说明希望孩子服从的原因	往往有较好的心理素质，有自信心，独立自主；有良好的社会交往能力，对同伴友好；有责任感，出现心理行为问题的几率很小
专制型	根据自己的需要和标准要求孩子，认为孩子应该无条件接受父母所制订的规则，很少向孩子解释做出要求的原因。需要孩子的高度服从，当孩子做不到时会使用惩罚的、专断的和强烈的措施	往往缺乏自信，依赖性较强；在社交方面比较被动或较为孤僻，甚至有攻击性的行为
溺爱型	倾向于满足孩子的所有愿望，几乎允许孩子自己决定所有的事情，较少对孩子的行为做出要求或监控。习惯以孩子为中心，对孩子很体贴，当孩子出现问题时也较少使用惩罚手段	一般也具有良好的社交能力，适应性较强；但容易以自我为中心，缺乏责任感，不善于处理问题

① 边玉芳：《读懂孩子——心理学家实用教子宝典（12～18岁）》，北京师范大学出版社，2014，第43页（略有修改）。

续表

教养方式	父母特征	孩子特征
放任型	对孩子的行为几乎没有要求，当孩子出现问题时也不会对孩子进行控制和监控。很少关注孩子的情感需求，很少与孩子沟通，对孩子比较冷漠，放任孩子自由成长	容易产生自卑感、不信任感与不安全感，并在以后与人交往中表现出紧张、彷徨、犹豫或者退却。这种孩子最容易出现行为和心理问题，对学习缺少兴趣，具有较高的逃学率

通过对比分析，我们发现：①在学涯规划、自我认知和确定目标方面，与受到专制型教养方式的孩子相比，权威型和溺爱型教养方式下的孩子表现得更优秀。②在规划的执行和后期调整能力上，权威型教养家庭中的孩子完成规划和持之以恒的能力比放任型教养家庭的孩子强。在上述案例中，霖霖在放任型教养方式下成长。在这样的教养方式影响下，霖霖缺乏安全感。同时，由于没有家长的陪伴和监督，自控能力较弱的孩子通常容易迷失自我。而嘉嘉则接受了权威型的教养方式。父母的正确指导和准确定位，让孩子拥有持续的动力，最终成功达到了学涯规划的目标，赢得了属于自己的人生。③在专制型教养方式下成长的孩子，在做人生重大决策时，表现较弱，缺乏主见，被迫听从父母的意见，失去了自主权，找不到人生的方向，更无法为实现既定的目标而不断奋斗。

科学的教养方式是合理制订学涯规划的前提。作为家长，我们要主动学习科学的教养方式，挖掘孩子的内驱力，培养孩子可持续发展的能力，并充分结合孩子的成长特点，根据孩子的优势和特长，制订符合实际的人生规划。只有这样，孩子才能在执行规划的过程中更有主动性，并能以自信而充满希望的姿态迎接人生的新阶段。

了解孩子

为更准确地了解九年级孩子对于学涯规划的认知、自身学涯规划行为能力的认知和家庭教养方式对于这个年龄段孩子的影响，我们通过发放调查问卷的形式进行了抽样调查，以便帮助家长更好地与孩子沟通，同时针对自己孩子的情况，与孩子共同做好学涯规划。

一、孩子的自我认知。

常言道："尺有所短，寸有所长。"每个人都有自己的优势，但是为什么一些原本有优秀潜质的人一生碌碌无为，未能成功？究其原因主要就是他们对自己的认知不够，过高或过低地估计自己的能力。为了避免孩子出现这种情况，家长要引导孩子清醒地认识自己，找到自己的优势，并充分发挥自己的优势。只有这样，孩子才有更大的可能取得成功。因此，孩子还处在青少年阶段时，父母更应帮助孩子们发掘自己的特长，为孩子的未来做好规划。

1. 自我认知和学涯规划。

培养自我认知能力是自我控制、自我管理、自我调节，进而自我规划的基础。通常来说，孩子对自我认知越清晰，那么他们对未来方向的确定性越高，从而做出更实际、更有意义的学涯规划。据调查，处于青春期阶段的九年级孩子对自我的认知度比较低，还不能清晰地了解自己的优势和不足。其中，25% 的孩子对未来三到五年的学习没有明确的规划，他们只是按部就班地执行学校的学习要求。同时，在规划时，很多孩子存在高认知与低行动的矛盾。进入九年级，孩子对自我认知的程度会影响他们的学习态度。一般来说，自我认知度高的孩子都会有比较积极的学习态度，愿意主动规划学涯，进而做好自我调节和管理。

2. 对于学涯规划的认知。

据调查，九年级的孩子对于学涯规划的作用是认同的。大部分孩子认为学涯规划对自身的学习有帮助，并觉得做好学涯规划是非常有必要的，也愿意做一份好的学涯规划。其中，约 73% 受调查的孩子曾经对自己的学涯规划进行过初步探索；而 20% 受调查的孩子表示不太了解学涯规划的具体内容，不知道如何做好一份规划。由此可见，在做学涯规划时，孩子会因为遇到困难、找不到方向或没有明确的指导，而不能完成自己的学涯规划。

3. 对于自身学涯规划执行能力的认知。

由于存在高认知与低行动的矛盾，近一半的孩子对自身的规划能力认识不足。其中，56.8% 的孩子没有能完成学涯规划。这与前面孩子们对学涯规划的必要性的认同和学涯规划意愿方面形成了鲜明的对比。由此可以看出，大部分的孩子缺乏对自身能力的足够认知，从而导致所制订的学涯规划不科学、不合理，最终陷入难以执行的局面。此外，在没有家长监督的情况下，自我控制能力差的孩子更容易在执行规划的过程中半途而废。调查结果显示，城市的孩子在学涯规划上的执行能力明显高于乡村地区的孩子。独生子女的规划执行能力高于多子女家庭的孩子。

4. 对学涯规划的执行与调整。

据调查，有些孩子虽然做了学涯规划，但该规划的完成情况并不理想。其中，仅有 3.8% 的孩子几乎全部执行了所制订的规划；56.8% 的孩子只完成了一部分目标，并没有能持之以恒；6% 的孩子通常会半途而废，最终什么目标都没有完成。同时，我们还发现在有家长参与的规划执行中，因为得到家长的督促和帮助，大部分孩子都能坚持按照所制订的规划执行。由此可见，父母的执行能力对孩子的执行力有较大的影响。制订了学涯规划后，在遇到不同问题或新情况时，孩子需要适时对自己的规划进行调整。通常来说，做了学涯规划的孩子都能及时调整自己的规划。这说明大部分孩子有能力评估不同的实际情况，并能对自己的规划进行调整。

二、家庭教养方式对孩子的影响。

通过阅读前文，我们已经知道常见的家庭教养方式有四种，即权威型、专制型、溺爱型、放任型。对这四类家庭进行调查后，我们发现：①权威型家长能在孩子制订学涯规划的过程中起到重要作用。他们不仅能给予孩子帮助，在规划实施和执行阶段，督促孩子完成规划，而且能在孩子遇到问题时，引导孩子对规划做好调整。②溺爱型家长在实施和执行规划的过程中，经常会出现不能督促孩子完成规划的情况。③专制型家长给孩子做规划时，并没有得到孩子的认同和配合，使得规划效果不佳。④放任型家长对孩子的成长关注度不足，或者不在孩子身边，这使得家长无暇顾及孩子，既不能给予及时的帮助，也不能做好日常的监督工作。

为了能更清晰地认识不同教养方式对孩子的影响，家长可以让孩子完成“父母教养方式评价量表（EMBU）”，并以此评价结果为参考，对自身的家庭教育方式做出相应的判断，及时调整自己在家庭中的言行，从而给予孩子更有效的帮助和指导。

父母教养方式评价量表（EMBU）①

该量表由瑞典 Umea（于默奥）大学精神医学系 C. Perris 等人在 1980 年共同编制，适用于评价父母教养的态度和行为。量表须由孩子自行作答。

在量表列出的 66 个条目中，每个题目的频率均设有“从不”“偶尔”“经常”“总是”四个等级，并分别按 1、2、3、4 的分值进行统计。请你分别在最适合你父亲和母亲的等级数字上面画○。每题只准选一个答案。其中，父亲量表不含有⑲㉔㉖㊳㊶㊼54 63；母亲量表不含有⑤⑩⑱⑳㉑㊵㊾66。如果你自幼父母不全，可以只回答父亲或母亲一栏。如果你是独生子女，没有兄弟姐妹，相关的题目可以不回答。请你实事求是地分别作答。

题目	频率			
	从不	偶尔	经常	总是
①我觉得父母干涉我所做的每一件事	1	2	3	4
②我能通过父母的言谈、表情感受到他们很喜欢我	1	2	3	4
③与我的兄弟姐妹相比，父母更宠爱我	1	2	3	4

①资料来源：http://www.360doc.com/content/11/0311/21/1093743_100318519.shtml（略有修改）。

续表

题目	频率			
	从不	偶尔	经常	总是
④我能感受到父母对我的喜爱	1	2	3	4
⑤即使是很小的过失，父母也惩罚我	1	2	3	4
⑥父母总是试图潜移默化地影响我，使我成为出类拔萃的人	1	2	3	4
⑦我觉得父母允许我在某些方面有独到之处	1	2	3	4
⑧父母能让我得到其他兄弟姐妹得不到的东西	1	2	3	4
⑨父母对我的惩罚是公平的、恰当的	1	2	3	4
⑩我觉得父母对我很严厉	1	2	3	4
⑪父母总是左右我穿什么衣服或打扮成什么样子	1	2	3	4
⑫父母不允许我做一些其他孩子可以做的事情，因为他们害怕我会出事	1	2	3	4
⑬在我小的时候，父母曾当着别人的面打我或训斥我	1	2	3	4
⑭父母总是很关注我晚上干什么	1	2	3	4
⑮当遇到不顺心的事时，我能感到父母在尽量鼓励我，使我得到一些安慰	1	2	3	4
⑯父母总是过分担心我的健康	1	2	3	4
⑰父母对我的惩罚往往超出我的承受范围	1	2	3	4
⑱如果我在家不听吩咐，父母就会恼火	1	2	3	4
⑲当我做错事时，父母总是表现出一副伤心的样子，使我有一种犯罪感或负疚感	1	2	3	4
⑳我觉得父母难以接近	1	2	3	4
㉑父母曾在别人面前唠叨一些我说过的话或做过的事，这使我感到很难堪	1	2	3	4
㉒我觉得父母更喜欢我，而不是我的兄弟姐妹	1	2	3	4
㉓在满足我需要的东西方面，父母是很小气的	1	2	3	4
㉔父母常常很在乎我取得的分数	1	2	3	4
㉕当面临一项困难的任务时，我能感受到来自父母的支持	1	2	3	4

续表

题目	频率			
	从不	偶尔	经常	总是
㉖我在家里往往被当作“替罪羊”或“害群之马”	1	2	3	4
㉗父母总是挑剔我喜欢的朋友	1	2	3	4
㉘父母总认为他们的不快是由我引起的	1	2	3	4
㉙父母总试图鼓励我，使我成为佼佼者	1	2	3	4
㉚父母总向我表示他们是爱我的	1	2	3	4
㉛父母对我很信任且允许我独自完成某些事	1	2	3	4
㉜我觉得父母很尊重我的观点	1	2	3	4
㉝我觉得父母不愿意跟我在一起	1	2	3	4
㉞我觉得父母对我很小气、很吝啬	1	2	3	4
㉟父母总是向我说类似这样的话：“如果你这样做我会很伤心”	1	2	3	4
㊱父母要求我回到家里必须向他们说明我在做什么事情	1	2	3	4
㊲我觉得父母在尽量使我的青春更有意义和丰富多彩（如给我买很多的书，安排我去夏令营或参加俱乐部）	1	2	3	4
㊳父母经常向我表述类似这样的话：“这就是我们为你整日操劳而得到的报答吗？”	1	2	3	4
㊴父母常以不能娇惯我为借口不满足我的要求	1	2	3	4
㊵如果不按父母所期望的去做，就会使我在良心上感到很不安	1	2	3	4
㊶我觉得父母对我的学习成绩、体育活动或类似的事情有较高的要求	1	2	3	4
㊷当我感到伤心的时候可以从父母那儿得到安慰	1	2	3	4
㊸父母曾无缘无故地惩罚我	1	2	3	4
㊹父母允许我做一些我的朋友们做的事情	1	2	3	4
㊺父母经常对我说他们不喜欢我在家的表现	1	2	3	4

续表

题目	频率			
	从不	偶尔	经常	总是
㊻每当我吃饭时，父母就建议我或强迫我再多吃一些	1	2	3	4
㊼父母经常当着别人的面批评我既懒惰，又无用	1	2	3	4
㊽父母常常关注我交往什么样的朋友	1	2	3	4
㊾如果发生什么事情，我常常是兄弟姐妹中唯一受责备的一个	1	2	3	4
㊿父母能让我顺其自然地发展	1	2	3	4
51父母经常对我粗俗无礼	1	2	3	4
52有时甚至为一点鸡毛蒜皮的事，父母也会严厉地惩罚我	1	2	3	4
53父母曾无缘无故地打我	1	2	3	4
54父母通常会参与我的业余爱好活动	1	2	3	4
55我经常挨父母打	1	2	3	4
56父母常常允许我到喜欢去的地方，而且他们又不会过分担心	1	2	3	4
57父母对我该做什么、不该做什么都有严格的限制，而且绝不让步	1	2	3	4
58父母常以一种使我很难堪的方式对待我	1	2	3	4
59我觉得父母对我可能出事的担心是夸大的、过分的	1	2	3	4
60我觉得与父母之间存在一种温暖、体贴和亲热的感觉	1	2	3	4
61父母能容忍我与他们有不同的见解	1	2	3	4
62父母常常在我不知道原因的情况下对我大发脾气	1	2	3	4
63当我所做的事取得成功时，我觉得父母很为我自豪	1	2	3	4
64与我的兄弟姐妹相比，父母常常偏爱我	1	2	3	4
65有时即使错误在我，父母也把责任归咎于兄弟姐妹	1	2	3	4
66父母经常拥抱我	1	2	3	4

在孩子完成表格的相关要求后，家长可以根据以下评分标准相应地对自己的行为进行评价与总结。

1. 父亲方面。

父亲	题目	平均数
情感温暖、理解	②④⑥⑦⑨⑮⑳㉕㉙㉚㉛㉜㉝㊲㊷54606166	51.54
惩罚、严厉	⑤⑬⑰⑱㊸㊾5152535558 62	15.84
过分干涉	①⑩⑪⑭㉗㊱㊽50 56 57	20.92
偏爱被试	③⑧㉒64 65	9.82
拒绝、否认	㉑㉓㉘㉞㉟㊺	8.27
过度保护	⑫⑯㊴㊵59	12.43

2. 母亲方面。

母亲	题目	平均数
情感温暖、理解	②④⑥⑦⑨⑮㉕㉙㉚㉛㉜㉝㊲㊷㊹54 60 61 63	55.71
过分干涉、过分保护	①⑪⑫⑭⑯⑲㉔㉗㉟㊱㊶㊽50 56 57 59	36.42
拒绝、否认	㉓㉖㉘㉞㊳㊴㊺㊼	11.47
惩罚、严厉	⑬⑰㊸51 52 53 55 58 62	11.13
偏爱被试	③⑧㉒64 65	9.99

【评估参考】如果被测试的某个项目的得分高于平均数，那么该被试者就表现出对应的教育方式。

学涯规划是孩子人生发展的重要依据，也是孩子前进的重要动力来源。在制订学涯规划时，家长要与孩子一起分析现有条件与实际目标之间的差距，并充分考虑孩子的想法和个性特长，共同制订科学、合理的规划。为此，父母要主动倾听孩子的心声，了解孩子的真实感受和想法，从而更好地指导孩子进行学涯规划。

携手共进型

协同合作：我很乐意与父母一起制订自己的学涯规划。父母的人生阅历给我指明了方向，也给予了我很多启发。他们能帮助我客观地分析自己的优势和不足，从而让我做出更清晰、准确的判断。感谢父母的指导与陪伴！

互相信任：在制订学涯规划时，父母会让我按照自己的兴趣爱好和个性特长进行思考和选择，这让我感到很欣慰。而且父母也能在关键时刻给予我正确的引导和建议，让我能科学合理地制订自己的学涯规划。

关系和谐：在执行规划的过程中，父母的陪伴和督促让我更加主动地投入学习中，这既是对我的关切，也让我更加重视自己的人生选择。而且父母的每一次鼓励也给予了我极大的支持！我为能在这样和谐、温馨的家庭中成长而感到自豪。

矛盾冲突型

思想有代沟：我不愿意和父母一起制订学涯规划。他们总认为除了高中，其他教育都是无用的，这让我感到很无奈。我希望父母能主动了解教育的发展和社会需求，辩证地看待不同的人生发展方向，而不应该故步自封、固执己见。

相互间有隔阂：在初中的前两年，父母从不关心我的学习和成长情况，只是一味地表达对我的期待。进入九年级后，他们对我的要求更加严苛，不仅给我制订了“考不上重点高中，就进入社会打工”的规划，而且让我每天事无巨细地向他们汇报学习、生活的事情，这让我实在难以接受。父母的不理解也让我感到无比迷茫。

过度干预：在紧张的复习阶段，父母总会让我看很多招生简章或指南书，这严重影响了我的复习专注度和效率。其实，我想对父母说，有些事情不需要太刻意。在学校老师的指导下，我早已确定了自己的奋斗目标。请让我自主地为既定的目标而努力吧！

忽视放任型

缺少关注：父母很少关注我的学习，他们也不了解我的学习情况和习惯。当我向他们提到制订学涯规划时，他们总是说“嗯，知道了”，然后再也没有进一步的建议和指导。这让我在面对人生的第一次重大选择时，感到很无助。

纵容溺爱：父母对我的学习没有过多的要求，他们只希望我能顺利毕业。所以在制订学涯规划上，他们没有什么想法。无论我做什么，他们都会支持我，这虽然给了我自主发挥的空间，但是也很容易让我陷入人生的困境而不自知。在做重大决策时，我还是希望父母能给我中肯的指导。

自我放弃：父母只希望我毕业后能尽快适应社会的需求，找到一份可以让我正常生活的工作。所以我感觉学涯规划也不会给我带来什么改变。而且很多学科内容太难了，我都无法理解，规划做得再好也是徒劳的。

学涯规划是孩子进入九年级后必须面对的事情，也是孩子未来人生发展的重要指向标。科学的学涯规划能让孩子在竞争日益激烈的洪流中稳住自己的脚跟，并获得自己的一席之地。无论是选择高中教育，还是选择职业教育，学涯规划都是不可或缺的。它是孩子不断发展、前进的动力。

因此，在家庭教育过程中，父母要积极地帮助孩子正确认识学涯规划的重要性，并结合孩子的个性特征和人生理想，主动与孩子分析未来发展的可能性；同时及时更新观念，与时俱进地与孩子进行平等交流，在准确定位的基础上进一步明确奋斗的目标，从而制订科学的学涯规划，进而在学校、家庭和孩子自身努力的多重作用下，不断地为目标的实现注入能量。

实施指南

学涯规划的过程，就是解决问题的过程，即求学者通过科学解决学什么、怎么学、什么时候学、在哪里学、为什么学、谁来学等问题。九年级是孩子中学阶段的第一个人生转折点。在这个阶段，有的孩子凭借自己在中考的出色表现，获得了接受高中教育的入场券，而有的因为个人实际情况只能接受职业教育。之所以会有这样的差别，很大程度上是因为孩子在九年级时没有认真做好学涯规划，使自己在中考备考和迎考时未能清晰地把握发展方向。

因此，作为家长，我们应该帮助孩子在认识自己兴趣爱好的前提下，认真分析个人的性格特征，并结合自己的特长，确定未来发展方向；同时，深入了解在相应学习领域取得成功所需要的技能，以及应该储备的知识，从而做出完整的学涯规划。为此，家长可以尝试采用以下几种行动策略指导孩子做好学涯规划。

◆ 策略一：改变教养方式，做孩子学涯规划的陪伴者和支持者。

适合孩子的教养方式是家长与孩子做好学涯规划的基础。只有家长愿意改变自己在孩子成长中的角色，让孩子感受到长辈的尊重和理解，孩子才会愿意和家长分享成长中的喜悦、烦恼和困难，家长才有机会参与孩子的学涯规划。

1. 转变自己的角色，做孩子成长的陪伴者。

九年级是孩子在生理和心理上逐渐走向成熟的关键时期。随着孩子自主意识的发展，家长在家庭教育中要及时转变自己的角色，从控制者转变为支持者，而不能强迫孩子根据自己的规划和方式成长，让孩子拥有自我成长的空间，并以平和的态度陪伴孩子，主动建立和谐的家庭关系。

2. 信任孩子，给孩子做决策的机会。

青春期的孩子有着强烈的自主探索意识。他们不再乐意听从家长的安排和设计。这时候，家长要懂得适度“放手”，让孩子在不断的体验中找到自己发展的方向，形成自己的做事方式。对于总是犯错的孩子，家长需要给予更多的鼓励和肯定。在这一阶段，家长更需要给予孩子信任，不要一开始就否定孩子。

3. 学会倾听，给孩子适度要求。

在制订学涯规划时，家长要学会倾听孩子的需求，和孩子一起探讨未来的发展方向，并对过程中的问题进行预判，让孩子自主地做出选择和决定。同时，家长也不能纵容孩子，要给孩子一定的要求，但要注意沟通的方法和技巧。制订规划前，家长至少要和孩子讨论，充分考虑孩子的想法，从而给予孩子更有建设性的建议和指导。

判断家长是否能做好孩子的陪伴者和支持者的 10 种表现

您在日常生活中的实际情况与下面列出的表现是否相符？若相符，则选“是”；若不相符，则选“否”。

	是	否
①我能够有很多时间陪伴孩子一起成长。	□	□
②我了解青春期孩子的身体和心理发展特点。	□	□
③我愿意放手让孩子自己做事情，但会监督和提出意见。	□	□
④我愿意和孩子一起做学涯规划。	□	□
⑤在给孩子做规划前，我愿意听取孩子的意见。	□	□
⑥我能心平气和地和孩子一起探讨和分析他犯错误的原因。	□	□
⑦孩子犯错时，我没有过多干预，只是在他需要时提出建议。	□	□
⑧孩子犯错时，我经常给予孩子鼓励。	□	□

	是	否
⑨我不会把我的想法强加于孩子，也不会要求他一定按照我的要求做。	□	□
⑩我会积极主动学习家庭教育知识。	□	□

【评估参考】如果您选择“是”较多的话，说明您对孩子身体和心理的成长很关注，有较好的家庭教养方式；反之则说明您对孩子的关注度低，需要尽快改进自己的教养方式和与孩子的相处方式，给予孩子应有的关注和指导。

◆ 策略二：帮助孩子根据自己的特点，确定学涯规划的方向。

成功者尽管路径各异，但他们都能扬长避短。因此，在指导孩子制订人生规划时，家长需要考虑孩子自身的特点和独特的天赋，帮助孩子认清自己，从而成就自我。此外，家长还可以引导孩子完成在心理学领域中涉及个人能力、兴趣爱好和性格特征等方面的专业测评，并以得到的测评结果为参考，分析孩子的个性特征和成长特点。但是九年级的孩子处于青春期早期，在性格、兴趣等方面还处于形成期，测评表的结果并不能作为对孩子的定论。因此，家长在此阶段还需要帮助孩子不断探索和发掘其自身的潜力。

1. 多元智能测试。

让孩子了解自己是做好学涯规划的前提。哈佛大学学者加德纳打破了以智力和成绩为评判标准的传统，并将人的智能分为九个不同领域，制成多元智能评价量表，用以挖掘个体的不同特色，达到因材施教的目的。因此，在家庭教育中，家长可以通过和孩子一起完成多元智能评价量表（详见本书第 46 页“延伸拓展”的“二、自我认识量表”），深入了解孩子的特长等情况，从而给予孩子更合适的指导和建议。

2. 性格测评。

MBTI 性格类型测评是目前世界上最权威、使用最广泛的性格测试工具。MBTI 人格共有四个维度，每个维度有两个方向，共八个方面，较为全面地揭示了不同孩子对不同的事物感兴趣、擅长不同工作的原因。通过引导孩子完成 MBTI 性格类型测试，家长可以更清晰地了解孩子的基本性格。家长在搜索引擎输入“MBTI 性格类型测评”，即可参加测评并得到结果。

3. 兴趣测评。

霍兰德职业兴趣测评由美国著名职业指导专家 J. 霍兰德于 1969 年编制而成。该测评用于测试个人的职业兴趣，提出了六种基本的职业类型，即实际型、研究型、艺术型、社会型、企业型、传统型。通过指导孩子完成该测试，家长可以帮助孩子发现和探索自己的职业兴趣和能力专长。家长可以在搜索引擎输入“霍兰德职业兴趣测评”，即可参加测评并得到结果。

策略三：了解高中和职业教育，树立奋斗目标。

在了解自己的优劣势和兴趣特长，探索了未来自己有可能发展的方向以后，九年级的孩子迎来了人生中第一次重要的考试——中考。因此，在孩子进行备考和迎考的过程中，家长要主动引导孩子了解高中和职业教育，帮助孩子树立适合自己的奋斗目标。

1. 了解高中和职业学校的招生政策，为选择做准备。

不同地区的高中和职业学校有不同的招生计划。作为家长，我们只有主动了解当地初中学业考试的要求和不同学校的录取政策，才能更好地帮助和指导孩子做出科学合理的选择。家长需要做到以下几点：①了解初中学业考试政策，主要包括考试时间和地点，初中学业考试报考条件，初中学业考试项目及办法，初中学业考试笔试命题原则和要求，考试各科成绩和总成绩的呈现方式，初中学业考试各科内容和范围等。②广泛地掌握高中和职业学校的录取政策，主要包括各个高中和职业学校的分类、录取时间、录取依据和原则、录取分配制度、近两年的录取成绩和人数、学校办学文化及特色等。正所谓：“知己知彼，百战不殆。”因此，家长要充分理解和掌握初中学业考试政策，以及高中和职业学校的录取政策。只有了解了中考的特点和各个学校的录取要求，才能在孩子制订学涯规划时给出正确的指导建议。

2. 了解心仪高中或职业学校情况，进一步明确奋斗目标。

进入九年级，经过几次教学质量检测后，孩子对自己未来的发展有了更明确的方向。家长可以根据孩子成绩的可能性，引导孩子选择心仪的高中或职业学校。此外，家长还可以带孩子走访心仪的学校，了解学校各方面的信息，以此激励孩子向着自己的目标不断奋斗。为此，家长可以带领孩子填写下列表格，即“我心仪的高中或职业学校”，并结合孩子的学习能力和个人特长，确定目标学校。

我心仪的高中（职业学校）	
学校的录取成绩	
学校的校训	
学校的特色	
学校里，我喜爱的社团	
学校的环境	
学校的校舍	
学校的食堂	

通过对比分析表格中各学校的情况，家长引导孩子从中选择符合实际的学校作为自己的目标，让孩子获得前进的动力，从而充分发挥出孩子的潜能。当然，家长也要注意提醒孩子设置的目标不宜过高，否则孩子在后期学习中会因为受挫而产生难以完成目标的挫败感；也不应把目标设置得太低，否则孩子会缺乏前进的动力。

◆ 策略四：帮助孩子为自己的选择努力。

在孩子确定了目标学校后，家长需要引导孩子了解自己与这一目标的距离，让孩子根据自己的特长和优势设计合理的学习计划，以便达到扬长避短的目的。

1. 制订学习目标和计划。

在实际操作中，家长可以带领孩子通过下面的表格，制订自己的学习目标。

我的目标学校	
目标学校的录取成绩	
我的目标成绩	
我的目标科目	
我目前的问题	
我的解决办法	

为了更准确地填写表格中的信息，家长需要按照下列内容向孩子介绍表格填写的注意事项，从而起到更好的指导和参考作用。

①“我的目标学校”：填写经过调查和走访后确定的目标学校。

②“目标学校的录取成绩”：填写查询到的前两年该学校的最低录取分数线。

③“我的目标成绩”：填写对比后制订的目标成绩。

④“我的目标科目”：填写孩子可以达到目标成绩的优势科目，并做出排序。

⑤“我目前的问题”：填写对这些科目存在的疑惑。

⑥“我的解决办法”：填写家长与孩子探讨后得出的比较有效的解决办法。

通过完成表格的填写，孩子能明确地了解自己学习的情况和心仪学校的差距，从而根据学校的录取政策要求，最大限度地发挥优势科目的作用。总之，家长需要帮助孩子找到自己的优势和存在的问题，并在自己的优势科目上下功夫。只有这样，孩子才有可能实现目标。

2. 帮助（督促）孩子完成规划。

为了让孩子顺利地实现自己的奋斗目标，家长需要引导孩子详细分析自己的优势和弱项，从而制订符合实际的学涯规划。该规划可以分为长期规划和短期规划。在上一个策略中，孩子确定了自己的长期目标，即目标高中或职业学校，并明确了自己存在问题的根源。在这个过程中，家长应该建议孩子以一个月为单位制订长期规划。并且由于实际生活千变万化，家长引导孩子制作的长期规划不需要太具体，明确大方向即可。在制订短期规划时，我们可以以周为单位，和孩子一起将需要完成的任务，在便笺上列成清单，并真实地记录孩子完成任务的情况，以便作为制订下一个短期规划的重要参考。

我的一周计划

时间	早读前	课间	午休前	晚饭后	晚自习后	睡觉前	监督人
任务	背默 20 个英语单词	请老师解答一个问题	背诵两首古诗	同桌互相抽背 4 个政史知识点	体育锻炼 20 分钟	整理错题	
周一							
周二							
周三							
周四							
周五							
周六							
周日							

在任务栏中，家长须引导孩子根据自己的特点设置项目。任务时间也可以根据自己的零散时间进行分配。但是家长要允许孩子出现任务清单未完成的情况，只要看到孩子已经合理利用时间即可，不需要强制孩子把每天的任务都做完，否则可能适得其反。毕竟制订任务清单时的状态通常比较理想化，未能充分考虑实际生活中的影响因素。此外，任务清单尽量不要列得太满，需给突发的情况留出一定的时间，也给孩子劳逸结合的时间。总之，家长要做好帮助孩子完成学涯规划的引导者或督促者。

◆ 策略五：适时反馈，帮助和提醒孩子适时调整学涯规划。

在完成学涯规划的制订后，孩子进入执行规划的环节，并在执行过程中检验规划的合理性。如果孩子完成任务比较快速，就可以加快规划进程。如果孩子在完成过程中遇到了困难，家长要主动帮助孩子发现问题，并及时调整规划。此外，在孩子完成阶段性的规划后，家长要及时给予孩子反馈：一方面适时鼓励孩子做得好的地方，让孩子拥有更大的动力；另一方面要及时肯定孩子的努力，不要揪住做得不够好的地方不放，应与孩子共同分析失利的原因，提出改进的意见。

总之，在这个过程中，家长要注意倾听孩子的想法，结合各方面的情况，与孩子共同探讨现阶段的得与失，并根据得与失的情况，及时调整和规划下一步的内容，不要让规划因脱离实际而变成一纸空文。只有在家长和孩子的共同努力和相互配合下，学涯规划才会科学、合理，并易于推进和完成，从而让孩子在初中毕业后顺利进入自己的目标高中或职业学校。

初中学涯规划的意义在于让孩子对未来有明确的目标、浓厚的兴趣和良好的心理准备；让孩子在立足现实的基础上，为未来的职业生涯做好准备、打好基础；让孩子明确自己的优势是什么，今天的我该做什么，明天的我能做什么，注重培养孩子的自信心。因此，在家庭教育过程中，家长要重视并积极参与孩子的学涯规划，同时主动引导孩子认真对待个人的职业生涯规划，从而在前进的道路上拥有更清晰的目标和方向，进而为自己未来的幸福人生做出应有的努力。

延伸拓展

一、阅读推荐

> >> 1.《谋生：王志纲纵论人生之道》(著者：王志纲；出版单位：北京大学出版社)。

理由及建议：在该书中，王志纲先生通过自己人生三个十年的体悟，自述了其规划生涯的全过程。在做了性格测试后，王志纲先生对自己进行优缺点分析，并结合自己的兴趣爱好，选择适合自己发展的方向。通过阅读该书，家长可以学习一些做规划的方法，并找到自己在引导孩子做学涯规划时的理论依据。

>>> 2.《为自己的性格找份工作：九型人格与职业生涯规划（修订版）》(著者：裴宇晶、邹家峰；出版单位：民主与建设出版社)。

理由及建议：在该书中，两位作者将九型人格理论和职业生涯规划结合，分析不同性格在职场中的优势和劣势。在本书中，家长能通过性格测评了解自己的性格特点，并通过案例分析，得到一定的启迪。通过阅读该书，家长能够主动发现自己和孩子的性格优势，避免性格局限，从而让父母与孩子有机会自我完善，促进孩子的成长。

二、自我认识量表

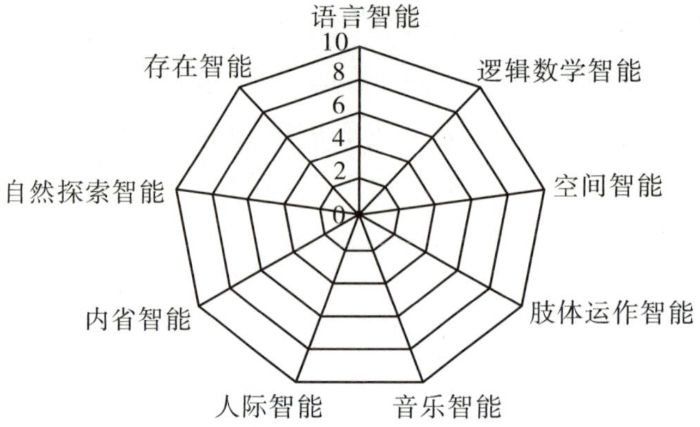

多元智能评价量表[①]

请你根据下列描述，按照你对自己的了解，对以下九项智能进行自我评分。这九项智能在每个人身上显现的方式与程度都不一样，也因此展现出大家各自不同的特色。想想看，假如你来绘制自己的多元智能雷达图，你会如何给自己评分？其中，选择“是”得1分，选择“否”得0分。

① 资料来源：https://max.book118.com/html/2019/0115/5323043012002002.shtm（内容略有改动）。

1. 语言智能。

	是	否
①写作能力优于同学。	□	□
②善于编写故事或者讲故事和笑话。	□	□
③善记人名、地名、日期或琐事。	□	□
④喜欢文字游戏。	□	□
⑤喜欢看书。	□	□
⑥语文、历史对自己来说比数理化容易。	□	□
⑦喜欢顺口溜、双关语、绕口令等。	□	□
⑧喜欢听故事、广播等。	□	□
⑨词汇比同学丰富。	□	□
⑩与人交谈时善用言语。	□	□

本组总分：________

2. 逻辑数学智能。

	是	否
①对一件事会提出很多问题。	□	□
②心算快速。	□	□
③喜欢数学课。	□	□
④对计算类游戏感兴趣。	□	□
⑤喜欢象棋或其他策略类游戏。	□	□
⑥喜欢逻辑题或者智力难题。	□	□
⑦喜欢把事物分类或者分等。	□	□
⑧喜欢做需要思考分析的实验。	□	□
⑨思考方式比同学更抽象化、概念化。	□	□
⑩在因果关系方面比同学更有概念。	□	□

本组总分：________

3. 空间智能。

	是	否
①可以清楚地描述出脑海中的画面。	□	□

	是	否
②阅读地图、图表比文字容易。	□	□
③容易在陌生的地方找到路。	□	□
④能轻松想象鸟瞰一个事物的景象。	□	□
⑤图画得比同学好。	□	□
⑥喜欢看电影或其他视觉上的表演。	□	□
⑦喜欢拼图、走迷宫或类似的视觉活动。	□	□
⑧喜欢制作有趣的立体模型。	□	□
⑨阅读时能从图画中获取更多的信息。	□	□
⑩喜欢在纸张或者其他东西上涂鸦。	□	□

本组总分：________

4. 肢体运作智能。

	是	否
①擅长一种或多种运动。	□	□
②长时间静坐会烦躁不安。	□	□
③善于模仿他人的言谈举止。	□	□
④喜欢拆解、组装物品。	□	□
⑤喜欢触摸所见的事物。	□	□
⑥喜欢跑、跳、摔跤或类似活动。	□	□
⑦动作协调。	□	□
⑧与人谈话时常用手势或其他肢体语言。	□	□
⑨学习新技能时喜欢亲自动手练习。	□	□
⑩喜欢捏黏土或其他手工活动。	□	□

本组总分：________

5. 音乐智能。

	是	否
①能分辨出音乐走调或出错。	□	□
②容易记得歌曲的旋律。	□	□
③嗓音好。	□	□

	是	否
④讲话或移动时有节奏感。	□	□
⑤会无意识地自己哼唱。	□	□
⑥做事时常会轻敲节拍或哼歌。	□	□
⑦对外界噪声很敏感。	□	□
⑧喜欢听音乐。	□	□
⑨生活中如果没有音乐会很无聊。	□	□
⑩能弹奏一种乐器或参加合唱团。	□	□

本组总分：________

6. 人际智能。

	是	否
①喜欢与同伴交流。	□	□
②认为自己是个领导者（或其他人这么认为）。	□	□
③常给朋友提供建议。	□	□
④当自己有困难时愿意找别人帮忙。	□	□
⑤喜欢教导他人。	□	□
⑥喜欢与他人一起活动。	□	□
⑦有许多好朋友。	□	□
⑧关心他人。	□	□
⑨他人失意时愿意让你陪伴。	□	□
⑩是某社团或其他团队的成员。	□	□

本组总分：________

7. 内省智能。

	是	否
①独立、意志坚强。	□	□
②了解自己的优缺点。	□	□
③可以独自玩耍或学习。	□	□
④会参加团体或研习课程以更好地了解自己。	□	□

	是	否
⑤有自己的特殊爱好和兴趣。	□	□
⑥经常思考自己的人生目标。	□	□
⑦喜欢独立工作。	□	□
⑧能准确表达自己的感觉。	□	□
⑨能从生活的成功和失败中学习。	□	□
⑩经常沉思或者反省人生重大问题。	□	□

本组总分：________

8. 自然探索智能。

	是	否
①课堂分享时，喜欢谈论喜欢的宠物或与自然有关的事物。	□	□
②喜欢参加动物园或者博物馆的实地参观活动。	□	□
③表现出对自然事物的高度敏感性。	□	□
④主动照顾教室里的植物，如定期浇水。	□	□
⑤喜欢养育动植物，能从观察和饲养中得到乐趣。	□	□
⑥喜欢研读有关大自然的信息。	□	□
⑦在班级里会大声疾呼动物保护或者环境保护。	□	□
⑧喜欢参与自然活动，如赏花、赏鸟、收集昆虫、研究植物或饲养动物。	□	□
⑨喜欢带小虫子、花卉、树叶或者其他自然物到学校与大家分享。	□	□
⑩对学校中与生命科学有关的学习表现良好。	□	□

本组总分：________

9. 存在智能。

	是	否
①常花时间思考有关生命和死亡的问题。	□	□
②喜欢阅读有关哲学、宗教和宇宙的书籍。	□	□

	是	否
③喜欢与他人讨论有关宗教、心灵或哲学等问题。	□	□
④平时思索生命的意义比关心周遭的人还多。	□	□
⑤喜欢借艺术创作等方式，表达自己对心灵、哲学及存在等话题的感觉和想法。	□	□
⑥会被有关心灵、哲学或存在主题的电影、戏剧或者其他表演所吸引。	□	□
⑦以后想从事宗教、心灵或哲学方面的工作。	□	□
⑧曾有过特殊经历，因而会以更深入的方式思考生命。	□	□
⑨常花时间独处，并思考生命的意义。	□	□
⑩喜欢提出关于生命、死亡、宗教等的疑问。	□	□

本组总分：________

评估改进

完成了本专题的学习，您是否已经学会引导孩子做学涯规划了呢？目前，您在对学涯规划的认识和指导孩子做学涯规划的学习方面是否还有需要改进的地方？接下来，请您认真完成以下测试，并制订自己的改进计划。

一、自我评估

判断家长是否能正确引导孩子做好学涯规划的 10 种表现

您在日常生活中的实际情况与下面列出的表现是否相符？若相符，则选“是”；若不相符，则选“否”。

	是	否
①我非常了解我孩子的兴趣爱好。	□	□
②我了解我的孩子在学习方面的各种能力的优劣势。	□	□
③我了解所在地区的中考政策和高中录取政策。	□	□
④我曾和孩子一起参观他心仪的高中并了解该高中的特色。	□	□
⑤我和孩子分析他学习中的问题，帮助他确定目标成绩。	□	□
⑥我和孩子制订每周学习规划，并监督他完成。	□	□
⑦在执行规划过程中，我做到有奖有罚，有反馈。	□	□
⑧在执行规划过程中，我帮助孩子适时根据现状做调整。	□	□
⑨我通过不断学习，逐渐学会更好地帮助孩子制订学涯规划。	□	□
⑩我在和孩子做学涯规划时，能和他一起讨论，提出建议，同时尊重他的想法。	□	□

【评估参考】如果您选择“是”较多的话，说明您了解您的孩子，并能根据孩子的特点指导孩子制订学涯规划；反之则说明您对您的孩子和学涯规划缺乏了解，您还需要不断学习本课内容。

二、改进计划

亲爱的家长，您好！阅读本专题后，您应该对如何帮助孩子在九年级制订和执行学涯规划有了更全面的理解和认识。下面请您结合实际情况，写出自己的改进计划，并逐项完成。

第六专题 学会求助，寻找成长的良师益友

进入九年级，孩子们第一次需要如此真切地面对和应对升学和成长等带来的诸多考验和挑战，如升学竞争与人生选择的压力和焦虑、学习成绩保持或提高的困难和障碍、随着备考而来的快速生活节奏、紧张的作息时间，以及因锻炼、娱乐、休闲时间缩水而衍生的厌烦、逆反和抗拒等。但是，从生命成长的角度来看，九年级也是孩子们化蛹成蝶的重要时期，更是孩子们步入人生新阶段、迎接人生新高度的关键时期！

因此，在家庭教育过程中，家长要密切关注孩子的成长动态，主动引导孩子及时发现、分析、解决成长过程中的困难和挫折。当孩子陷入人生困境而变得迷茫或消沉时，家长要站在孩子的角度，理解孩子的实际需求，从而鼓励孩子积极寻求外在资源和力量，更好地帮助自己走出人生困局。当然，在生活中，家长也要以身作则，通过正当的途径主动向外界寻求帮助，解决自己遇到的困难，真正做好孩子学业拔高、身心强大、生命进阶的良师益友。

案例分析

对九年级的孩子来说，中考绝对是个天大的事项，这是孩子成长过程中的一个重大的“坎儿”，也是人生中一个比较大的“岔路口”。在这个人生转折点，无论是孩子，还是家长，都会遇到困难或挫折。如何提供帮助是家长在孩子人生道路上遇到的一个重大考验。

案例一：沟通存在障碍，烦恼不已。

虽然我是一名高中老师，但自从孩子进入九年级，我感到压力很大。每天孩子回到家，很少与我沟通。偶尔的询问也让孩子很反感。一提到成绩，孩子更是直接拒绝沟通。 后来，我渐渐调整了对孩子的看法和心态，采取了冷处理。我和孩子的妈妈尽量不在家里谈论与学习相关的事情。但面对孩子存在诸多问题的弱势科目（如化学知识掌握不牢固，政治、历史简答题得分较低等），作为一名英语老师，我还是感到很苦恼、很迷茫，不知道如何才能帮助孩子。

案例二：学识不足，缺乏恰当的助力方式。

我是两个孩子的母亲。作为一个农村人，我自身的文化水平并不高，孩子的父亲常年在外打工，教育孩子的重任都落在了我的肩上。自从孩子进入九年级，我常常感到力不从心和无可奈何。一方面，我要忙于工作，照顾好两个小孩的生活，已经耗费了我绝大部分的精力；另一方面，当孩子向我咨询一些学习上的问题时，我更是感到不知所措。渐渐地，孩子也不再与我分享自己的学习、生活了。除了默默地给予孩子关注和支持，我似乎什么也做不了，这让我很焦虑。

案例三：陪伴不足，缺少共同经历。

孩子是寄宿生，每周末才回家。可是，进入九年级后，孩子变得越来越内向。在学习上遇到困难时，她不会主动向我们求助，而是一个人待在房间里闷闷不乐。有时候，在我的多番询问下，孩子才会说一两句话，然后又变得很不耐烦。面对孩子这样的情况，我也不敢过多地与孩子交流，更不知道在学习上如何帮助孩子。中考越来越近了，我发现孩子并没有取得明显的进步。到底是孩子出了问题，还是家长的教育出了问题？我感到很困惑。

从上述案例中，我们不难看出，在面对孩子的种种行为表现时，家长往往会因为找不到帮助孩子的方法和途径而陷入焦虑、困惑和苦恼。经过综合分析，我们发现孩子出现这些反常行为主要有以下几个方面的原因。

1. 不信任。

当遇到问题时，孩子没有第一时间向家长求助，或不愿意向家长求助，说明孩子对家长没有信任感。亲子之间缺乏足够的信赖，亲子之间有隔阂、很疏离，使得孩子不会想到要让家长帮助自己解决问题。家长有时候也对孩子的自我调节能力产生过多的怀疑和进行否定，从而把对孩子的关心变成了与孩子沟通的障碍。相互间的不信任，让亲子关系陷入紧张状态，双方也变得更加焦虑。

2. 不管用。

在孩子的认知里，家长没有能力在学习上给予他们支持和帮助。有的孩子甚至会觉得家长的文化水平不高，也无法教授自己复习的方法、解题的思路。虽然有的孩子也向家长提出过一些需求，但大多无法得到有效回应。此外，缺少家长的陪伴也会让孩子与家长的关系变得疏远，彼此没有形成应有的共鸣。久而久之，孩子会觉得与家长分享自己的学习也并不管用。渐渐地，孩子就失去了对家长的信心，也不再对家长抱有期望。

3. 想自主。

随着年龄的不断增长，九年级孩子有了一定的自我意识和独立思维。他们想独立、自主地去应对学习、生活中的一些事情。他们不愿意再像小孩子一样不停地向家长倾诉自己的感受和想法，也不希望家长干涉自己的学习与生活圈。但由于缺乏经验，也受到认知水平的限制，在自主求助时，孩子所使用的方式会显得比较单一，成效并不显著。

4. 渠道多。

随着信息化时代的不断发展，孩子应对困难或挫折的渠道也越来越多。有的孩子倾向于借助网络解决问题，有的孩子则抱着“时间能冲淡一切”的态度，放任问题的“自生自灭”，有的孩子也会在伙伴、父母、老师、其他社会资源中自主地选择可以发出求助信号的对象。这些不同的情况很大程度上与家长的言传身教有关。这主要体现在以下几个方面：①缺乏主动求助的意识。很多家长形成了“树大自然直”的家教理念，从而缺乏“教育”的自觉和“育人”的意识。②缺少正确的示范。家长是孩子的终身老师。在家庭生活中，家长的一言一行都会成为孩子成长的重要参照。有的家长遇到难事时，只会一味地抱怨、指责，这极大地影响了孩子养成主动解决问题的习惯。③没有及时的反思。对家长来说，孩子的某些疑惑往往会触及自己的认知盲区或不擅长的领域。这时候，很多家长往往会选择消极对待，而没有主动反思自我，缺乏探索解决问题的方法的积极性。家长不愿意走出自我“舒适区”的行径而让孩子陷入迷茫和无助的境地。

家长要成为孩子成长道路上的良师益友，就要主动走进孩子们的世界和内心，及时更新和改进自己的家庭教育观念，积极建立和谐、友好的亲子关系，调整和改善自己的育儿行为，从而完善和提升自己的价值观、世界观、人生观，让自己的家庭教育方式逐渐改善和优化，进而教会孩子在成长的过程中学会真正的求助。

了解孩子

进入九年级，孩子不仅面临着巨大的学习压力，而且还面临着未来的人生选择。为了给孩子提供更有力的支持和更有效的帮助，家长必须深入了解孩子的成长经历，分析和总结孩子的成长特点和发展规律。只有这样，家长才能更好地指导孩子在九年级的人生道路上做出正确的选择。

一、孩子其实也很难。

1. 学习强度变大。

中考是一场充满高强度竞争的考试。在这个过程中，每个孩子都必须付出全部精力，才能更好地应对中考的压力和考验。此外，学校与学校之间、老师与老师之间的竞争压力也会直接或间接地转移到孩子身上。因此，随着学习时间的加长，训练量的加大，教学质量检测频率的增高，生活节奏的加快，孩子在这样的高强度学习状态下，势必要付出更多的时间、精力和体力。

2. 个人自由度变小。

由于要对备考投入充足的时间和能量，孩子在娱乐、锻炼、休闲等方面的时间就被挤压，使得孩子自主支配的时间也逐渐变少，导致孩子个人的自由度也随之变小。作为家长，此时我们应充分引导孩子适当释放内心的压力。当孩子因考试成绩不理想而产生负面情绪时，家长可以在孩子充分发泄自己的内心感受后，再与孩子进行沟通、交流，让孩子在有限的个人自由度中真正获得“解压”。

3. 心理耐受度减弱。

面对中考，每个孩子都会面临艰难选择。每一次在学习上的分层和分流，孩子都会受到不同程度的影响。在这个阶段，孩子要在高中教育与职业教育、普通高中与重点高中、继续深造与进入社会等之间做出选择。因此，与初中前两年相比，孩子在九年级更容易出现紧张、烦躁、苦闷等情绪感受，甚至有焦虑、抑郁等心理问题，这使得孩子的心理耐受度有所减弱。

> >> 4. 信心和动力减弱。

面对学业和人生选择，孩子会遇到许多困难，产生许多疑惑，而且找不到恰当的解决方法，因此渐渐陷入了自我迷茫和焦虑的困境。有时候，当孩子的境况发生变化时，很多家长并没有随之对自己的教养方式进行相应的调整，没有给予孩子应有的陪伴和支持，甚至还会将自己的焦虑和压力施加到孩子身上，从而让孩子的信心和动力受到了不同程度的损害。

二、了解孩子有妙招。

每个孩子都是独一无二的。为了尽可能快捷、真实、全面、深层、清晰地了解孩子的情况，家长可以尝试使用以下“六步法”。

> >> 1. 听，即学会做一个“倾听者”。

有时候，孩子需要的就是有个“听话”的人。为了做到“善听”，家长可以这样做：①听频率。家长可以通过记录孩子与自己交流的次数、时长等，判断孩子的交流资源。当孩子不想和家长交流，或者亲子的交流存在障碍时，孩子自然不会有过多的言语表达。②听语气。“言为心声”。在实际生活中，家长可以通过孩子的语气强弱、声音的高低，判断孩子沟通交流的情绪状态与积极的程度，从而更好地帮助孩子正确处理情绪感受。③听关键词。家长可以整合孩子说话的具体内容、梳理孩子日常话语里的高频词语，主动分析出孩子的近期状态，从而给予孩子及时、有针对性的指导。

> >> 2. 察，即察言观色。

在沟通交流中，孩子的神态通常会传递许多信息。为获取有效的信息，家长可以这样做：①看脸色。孩子一般很少能藏住自己内心的真实感受，也还没有修炼到“喜怒不形于色”的高度。所以，家长观察孩子的直接方法就是“看脸色”，从而及时把握孩子最真实的情绪表现。②看交友。家长可以通过观察经常与孩子一起玩耍的朋友，以及孩子经常参加的活动，对孩子的生活状态做出适当的判断。③看做事。家长可以观察孩子在日常生活中喜欢做的事及达成的效果，以便对孩子有更深入的认识和了解。

3. 聊，即与孩子交谈。

家长与孩子可以通过对话、研讨、观点碰撞、思想交锋等方式加深对彼此的了解，促使亲子关系更加融洽。为了与孩子“聊”出成效，“聊”出成果，家长可以这样做：①平等聊。亲子之间一定要做到平等交流，相互尊重，避免出现家长居高临下的情况。②经常聊。家长可以把和孩子之间的“聊天”变成亲子之间交换思想、加强感情、缓解压力和焦虑的一种方式。同时，家长还要注意把握“聊天”的时机，寻找适当的契机与孩子进行有效的“聊天”。③深度聊。家长要带着目的，有思考、有智慧地和孩子“聊天”，给予孩子深入的思想辅导，从而达到深度交流的目的。

4. 融，即融入孩子的世界。

家长积极地融入孩子的学习圈、生活圈。为此，家长可以这样做：①主动做。家长只有主动参与孩子的生活，才能更真切地体会孩子的感受。正所谓：“一切皆有可能。”只有主动尝试，家长才会获得更多了解孩子的机会。②智慧做。在与孩子们进行亲子活动时，家长一定要预先做好设计，并且要尽可能地考虑孩子的性格特点、行为习惯和思维方式，以免引起孩子的逆反和厌烦。③坚持做。面对九年级的巨大压力，家长可以定期和孩子一起参加户外活动，如打球、野炊、露营等，引导孩子在活动中疏解压力、调节情绪。

5. 查，即调查、征询。

“查”是家长主动了解孩子的重要方式，也是最有效的途径。为此，家长可以这样做：①随意“查”。通常情况下，家长“查”得越随意，得到的信息就越真实、越及时。所以，为了保持“教育者”的自觉和敏感，家长可以经常主动和孩子的老师、同学交谈，从而了解孩子最真实的情况。②专题“查”。家长可以就孩子的某个问题或事项，有意识、有目的地进行“调查”，从而更有效地帮助孩子。③艺术“查”。在“查”的过程中，家长要讲究“查”的对象、时间、地点、方式和技巧等。一般来说，直来直去的做法不仅达不到“查”的目的，而且还会影响孩子的感受。

6. 想，即思考、分析、研判。

父母可以对有关孩子的信息进行梳理、分类、整合、研究，然后做出恰当的判断。为此，家长可以这样做：①自主“想”。家长可以根据自己社会经验，结合对孩子的认识、对孩子的情况进行自主研判。②合作“想”。家长也要学会求助、懂得求助。当自己对孩子的情况感到疑惑不解时，家长应主动向学校老师求助，也可以与相关的教育专家、心理学专家等一起探讨、研究，从而做出正确的判断。③反复“想”。对于孩子的某些问题，家长需要深入思考和反复思量，从而得出更客观的评价，而不是凭借自己的主观臆断做出有失偏颇或错误的预判。

进入九年级后，面对学业的压力、亲子和师生关系的挑战，孩子总会有许多烦恼。为了更清晰地了解孩子，家长需要通过多种渠道、采用多种方式主动倾听孩子的心声，全面地认识孩子的成长特点和内在需求，从而更好地引导孩子在成长过程中学会寻求他人的帮助，最终解决人生的难题和困惑。

沟通与包容型

交流与包容：当我考试失利时，我希望父母能够与我一起交流、分析原因，共同找出解决问题的办法。这时候，我希望父母能站在我的立场上给予应有的理解和支持。

沟通与尊重：九年级的学业和升学压力很大，我希望父母能在学业上给我多一点鼓励，并尊重我正常的业余爱好。在我进行自我调节的时候，请不要先入为主地认为我在浪费时间。请你们给予我自我消化和调整的空间。

寻求援助型

帮助改正：我独立生活的能力不强。遇到难事时，我总会想要逃避。我希望父母能与我站在同一阵线上，帮助我勇敢面对并解决难题。希望父母能在处理问题的方法上给予我指导和建议，让我能自主地应对成长的困难和挫折。

督促上进：进入中考的备考阶段，我觉得我的主动性不够，目标也不清晰。我希望父母能在我松懈的时候，及时督促我学习，并指导我确立符合实际的人生目标，让我在奋斗的路上有更明确的方向。

和谐陪伴型

和谐氛围：随着中考的日益临近，我的心情也很紧张。放学回家后，我希望听到家中更多的欢声笑语，而不是唠叨或抱怨。这样才能帮助我有效地缓解学习的各种压力，也能让我愿意与父母分享自己的心事。

关爱与鼓励：自从进入九年级，我特别感谢父母的付出。在生活上，父母给我提供了营养均衡的膳食；在日常生活中，父母用无声的陪伴让我感到温暖；在我遇到困难时，父母能够及时给我恰当、正确的建议；在我获得一些进步时，父母主动对我进行表扬、鼓励。

渴望陪伴：作为一个在校寄宿生，我希望每周末回到家时，父母能主动花时间与我相处、交流。尤其进入九年级，我要应对高强度的学习任务和紧迫的升学压力，所以我经常会有很多心事想跟家长沟通、分享。希望父母能给我更多的陪伴！

进入九年级后，孩子会遇到前所未有的挑战和考验。为了帮助孩子顺利度过这个阶段，家长要主动了解孩子的成长特点，并结合孩子的个性特征，给予孩子应有的陪伴和指导，并在孩子遇到问题时，及时引导孩子主动学会求助，从而帮助孩子找到解决问题的方法，让孩子最终走出人生的困境。只有这样，家长才能更好地成为孩子成长过程中的良师益友，孩子也能学会巧妙地应对成长的困难和挫折，进而成就属于自己的人生。

实施指南

家长为孩子提供支持和帮助的内容、方式和力度对孩子的影响是巨大的。孩子进入九年级后，家长提供的资源越丰富、越优质，形式越多样，时机越及时，力度越充沛，越贴近孩子的内心和世界，其成效就越明显、越久远。因此，家长可以尝试使用以下行动策略指导自己在家庭教育过程中的言行，从而给予孩子更积极、有效的帮助。

◆ 策略一：家长的角色觉醒与认同。

教育学者魏智渊老师曾说：“作为家长，要么成为榜样，要么成为桥梁。榜样是为孩子做示范，桥梁是把孩子带到更好的榜样面前。”除此之外，家长还要主动扮演好“靠山”的角色，努力成为孩子最有力的依靠。要做到这一点，家长须做好角色的觉醒和认同工作。

1. 榜样。

家庭是孩子永恒的学校，家长是孩子终身的教师。我们和孩子朝夕共处，我们的言谈举止就是在言传身教。家长看世界的角度、做人做事的方式、心智模式、理想信念等都是孩子成长的“教材”。家长的榜样力量、典范作用、标杆价值都是对孩子最大的引领、支持和帮助。

故此，在家庭生活中，家长要与孩子一起成长，要敢于面对当下的困惑与困难，并用智慧化的方式共同渡过难关。同时，家长还要做好生命的修炼者，要不断地丰盈和开拓自己的人生，做好孩子的示范和榜样。

2. 桥梁。

家长要做好孩子人生中的“桥梁”，让孩子经由我们走向崭新的天地，创造无限的可能，从而登上更高远的山峰，成长为更好的自己。其实，做好孩子人生中的“桥梁”既是家长心里的愿望，也是我们对孩子的美好馈赠，更是我们对孩子实实在在的支持和帮助。家长是人类薪火相传、社会不断进化的重要推动力，是助力孩子生命成长的关键力量。因此，在家庭教育的过程中，家长需要倾注毕生的智慧和精力。

因此，在实际教育中，家长在做好榜样示范的同时，还要积极地优化自己的言行，主动引导孩子以更乐观的态度应付人生的各种挑战，善于倾听孩子内心的声音，及时给予孩子应有的肯定和支持，循序渐进地激发孩子的动力和潜能，用合理的期待帮助孩子准确找到人生的方向和目标，从而让孩子最终成就属于自己的人生。

3. 靠山。

作为家长，我们想要的是好孩子，我们期待的是孩子拥有好的人生。但每一个生命的成长、跨越和进阶，都需要众多资源的支持。家长应该努力成为孩子最温暖、最有力量、最正向的“依靠”，而不是“依赖”。也许有的家长会因为没有财富、地位而感到自责或迷茫。但是孩子们最大的资本就是时间，家长要主动认识其中潜藏着的巨大能量。观念的转变源自对价值和意义的重新评估与建构。这一过程虽然会很艰难，但对生命来说很重要。只有家长和孩子共同转变思想观念，重视角色觉醒和认同，孩子才会懂得适时地利用外在力量，帮助自己真正“脱胎换骨”。

◆ 策略二：视不同的情况，给予孩子适度的支持。

1. 重大事项鼎力支持：家长能为孩子提高成绩做些什么？

进入九年级，孩子总会陷入提高学习成绩的困境。这是孩子在九年级需要面对的一个重大考验。作为家长，我们要在这个考验中给予孩子大力的支持。家长可以尝试做到以下四个方面。

①要“正认知”。在实际中，家长不能错误地认为学习是学生自己

的事情，教学生学习是老师、学校的事情。为了帮助孩子提高学习成绩，家长要正确认识自己，正确看待孩子的学习和成长，通过自己的合理期待，激发孩子不断努力学习的动力，让孩子在家庭的关爱中快乐学习，从而为孩子提高学习成绩奠定良好的基础。

②要“用对药”。为此，家长要做到这三点：一是明确需求。家长需要清晰地掌握孩子真正的需求，有针对性地帮助孩子强化对某个学科的学习或加深对某些板块知识的理解，从而做到有的放矢。二是激发动力。在家庭生活中，家长要善于使用“激将法”，充分地调动孩子的主动性、积极性，不断激发孩子的上进心，提高孩子的竞争力。孩子们只有真心愿意和喜欢学习，才会全身心地投入其中，并为实现既定的目标而努力奋斗。三是精准指导。在家庭教育中，家长要认真分析孩子的个性特征、学习能力和学习习惯，指导孩子制订符合个人实际的学习计划，不可以盲目地干预孩子的自主学习，或通过其他手段加重孩子的学习负担。只有针对具体的情况制订个性化的解决方案，孩子才能在学习中更加有心有力，从而提高自己的成绩。

③要“多赏识”。作为家长，我们一定要接纳孩子的一切，要善于发现孩子的优点和长处。正如我们都愿意与“喜欢我们”的人亲近一样，孩子们也是如此。家长的赏识就是对孩子最大的肯定、最大的抚慰和最大的激励，让孩子更有信心和勇气应对学习的种种考验和挑战，从而获得学习的成就感。

④要“服务好”。孩子进入九年级后，父母除了关心孩子的学习，还要做好各项后勤保障工作。为此，家长需要做到以下几点：一是营造良好的学习环境。当孩子在家学习时，家长尽量少看甚至不看电视；与人交谈时，尽量远离孩子学习的区域；日常说话尽量降低分贝，不要制造过多的噪声；尽量少玩或者不玩手机，可以做点家务或者读书、看报等，给孩子做好榜样，为孩子营造良好的学习氛围。二是营养补给到位。九年级的孩子通常要应对高强度的学习，这就需要消耗大量的能量。因此，家长需要给孩子搭配营养均衡的膳食，在满足孩子个性化需求的前提下，引导孩子养成良好的饮食习惯，让孩子得到有效的营养补给。当然，如果孩子是住校生，那么家长可以在周末时，通过合理的加餐，让孩子继续摄入足够的营养，不要出现暴饮暴食的情况。三是适当

参加户外运动。在孩子的学习间隙（如周末、节假日等），家长可以邀请孩子一起打打羽毛球、跳跳绳、散散步，或者进行短途的徒步旅行等。这样既可以帮助孩子放松心情，也可以锻炼身体。

> >> 2. 特殊情境智慧支持：家长经常不在孩子身边怎么办？

作为家长，我们总会遇到不在孩子身边的情况，但无论怎样，我们都不能置身在孩子成长的世界之外。家长经常不在孩子身边，不可否认是孩子生活世界的一个缺失，但也是孩子成长中的一次契机。这主要分为两种情况：一是孩子在学校寄宿；二是孩子常年只与家里的长辈居住，也就是我们常说的“留守儿童”。

①孩子在学校寄宿。在这种情况下，家长可以在周末和孩子定期见面，并把这段难得的亲子共处时间做得更优质、更亲密，努力把这些亲子之间的聚会做成孩子学习、生活情况的信息采集会，做成孩子心理情感的滋补会，做成孩子思想情绪的交流会，做成孩子学习进步、习惯养成的促进会，做成孩子思想问题、学习困难的解决会。此外，家长还可以通过积极参与班级建设，尽可能地创造与孩子见面、交流的机会。这既是父母对孩子的一种支持和帮助，也是父母给孩子树立榜样和典型的有效途径。

②孩子与长辈居住。在实际生活中，父母迫于生计不得不离开孩子，到外地打拼，因而孩子成了“留守儿童”。为了更好地发挥“隔代教育”的作用，家长可以尝试这样做：一是与长辈达成育儿的共识，共同确立教育和养护孩子的原则。这时候，家长一定要经常和长辈保持联系，关注和了解家里的情况，以及遭遇的问题、困难等，随时应对孩子成长中出现的状况。二是积极参与孩子成长中的关键事情。比如，当孩子参加模拟考试或进行志愿填报时，家长要对孩子及时进行“线上”指导，诚恳发出自己的声音，让孩子感受家长的关切和温暖，从而更易于接受家长的建议。三是建立定期、优质的“线上”交流。比如，家长可以定期与孩子保持电话联系，向孩子分享自己的工作和生活状况等，让孩子增进对父母的了解和信任，强化亲子间的情感联系。四是努力创造与孩子共处的机会。比如，在出差时，家长如果顺路，可以回家看看老人和孩子；当孩子有比较长的假期时，家长可以把孩子接到自己工作的

地方，让孩子融入自己工作和生活。

>>> 3. 关键时刻真心支持：孩子觉得就读职业学校没有前途怎么办？

进入九年级，孩子都需要面对高中和职业学校的选择问题，这不仅涉及孩子的生涯规划和目标理想，而且会对孩子未来的成长和人生有重要的影响。当孩子的学习成绩只能就读职业学校时，家长可以从这三个方面积极地引导孩子。

①现阶段最合适的人生选择就是继续深造。家长要引导孩子正确看待人生的发展方向，帮助孩子辩证地分析职业学校未来发展的可能性，指导孩子准确认识现阶段的选择，让孩子主动接受自己的人生，从而形成正确的价值观。

②积极进取的人永远都不会输。尽管孩子没有机会接受高中教育，但家长也要对孩子充满信心和希望。正所谓："条条大路通罗马。"家长要积极地引导孩子在职业教育的道路上，更加努力地拼搏，并时刻与孩子站在同一阵线上，主动向孩子分享职业教育的就业和发展方向，让孩子真切地感受职业教育的发展前景，从而不断激发孩子的主动性和积极性，让孩子以更积极的心态努力实现自己的奋斗目标。

③专业选择是关键。不同于高中教育，职业学校通常设置了专业分类。因此，家长要积极与孩子探讨适合自己发展方向和兴趣特长的专业门类，从而做出正确的选择。这个选择直接关系孩子将来的人生走向，必须引起家长的足够重视。首先，家长可以引导孩子根据自己的兴趣做选择；其次，根据自己的能力做进一步筛选；最后，经过综合分析，选择最符合自己发展需求的专业。

只有这样，家长才能让孩子相信，就读职业学校、接受职业教育同样可以拥有精彩的人生，从而让孩子对自己的未来充满信心，并为之奋斗。

>>> 4. 核心问题全力支持：家长怎么引导孩子学会求助？

进入九年级，孩子不可避免地会遇到这样或那样的困难和挫折。这时候，家长要主动引导孩子学会恰当地求助。为此，家长可以这样引导孩子：①积极求助。家长在家庭教育过程中要引导孩子在遇到难题时，主动承认自己的不足，学会利用身边有利的因素，如自己的老师、周围的同学、家里的父母等，帮助自己成功地解决问题。②带动求助。作为家长，我们要做好孩子人生的辅导教师，要做好孩子的领路人。当孩子遇到问题时，家长积极与孩子一起研究应对的办法和思路，带动孩子学会寻求支持和帮助，如向行家求助、向书本求助，向优秀的同学求助等。通过主动创造利用外在资源的机会，家长可以让孩子在不断克服困难的过程中，实现人生的逆袭。没有全知全能的人，好家长就是这样炼成的。③学会自我求助。正所谓："求人不如求己。"家长不应该在孩子身上放置过高的期待。孩子是独立的生命体。因此，家长可以引导孩子主动分析自己的成长经历，指导孩子积极与自己和解，并让孩子通过反思，及时改进和调整自己的行为准则和人生方向，从而使孩子真正学会理性、客观地看待自身的成长，并做出恰当的评价。

◆ 策略三：寓教于乐，家长与孩子同进步、共成长。

1. 开学了，我为你点赞。

每一个新的学期都是一个新的开始，九年级尤其如此。因此，当孩子即将结束假期，开启新的学习模式时，家长可以充分利用这个特殊的时间节点，做这样一个有意义的活动："开学了，我为你点赞！"为了做好这个亲子活动，家长需要注意这几点：①选好时间；②选好地点；③营造氛围；④提前做好准备；⑤注重面对面交流；⑥及时做好文字记录。通过这样的亲子活动，家长可以增进与孩子的情感交流，让孩子感受家庭的温暖、关爱和支持，并带着家长的爱与期待迎接人生的新阶段。

2. 爸爸（妈妈），今天我来当教练。

在这个活动中，孩子是家庭里的老师，教会家里的亲人某一项运动，如打太极拳、跳绳、踢足球等。在这个项目中，参与者需要顺利通过考试，才算完成任务。要做好这个创意活动，家长需要注意以下几点：①主动向孩子发出邀请；②确定合适的时间；③制订符合实际的方案；④做好影像或文字记录等。此外，家长还可以引导孩子尝试做一些主题分享，如“我给爸爸（妈妈）讲个班级趣事”等。在活动过程中，我们要做到“有意地提问”“真心地倾听”“智慧地引导”“随性地记录”。只有交流没有障碍，家长与孩子的心才会在一起。通过这个活动，家长可以有意识地建立亲子之间的深度连接，让孩子学会主动与家长分享自己的成长经历，给孩子在人生的成长过程中提供及时的帮助，从而达到有效沟通的目的，不断为孩子的成长增添动力。

3. 来一场做家务比赛。

进入九年级，家长可以引导孩子适度参加家务劳动，这既能调节学习生活的压力，又能锻炼生活能力，还能增进亲子间的关系。另外，家长还可以把竞争机制引入家务劳动。也就是说，家长可以和孩子来一场做家务比赛，如洗碗比赛、拖地比赛、整理内务比赛、擦玻璃比赛等。当然，家长还可以将这个比赛延伸到户外活动中，如跳绳比赛、踢毽子比赛等。通过将比赛引入亲子活动中，家长可以让孩子积极融入家庭的日常生活，共同体验劳动实践的快乐，并让孩子从中获得正确的引导，从而以积极向上的态度应对中考的压力和挑战。

4. 亲子共写一段成长日记。

既然“师生共写随笔”是新教育实验的十大行动之一，那么亲子共写成长日记也可以成为家庭教育的一种手段。为此，在孩子进入九年级后，家长也可以借助这样的行动，积极与孩子“共读、共写、共生活”。通过共写随笔，家长与孩子构建新的交往路径，以及更有深度、更缜密的心灵沟通方式。由此，家庭亲子关系可以发生质的变化，同时家长也可以成为孩子奋斗道路上的良师益友。

在孩子进入中考备考阶段后，家长要帮助孩子理性地分析这一阶段的重要任务和能力要求，让孩子对自己的成长有更清晰的认识，直面学习和升学的各种挑战。在孩子遇到困难和挫折时，家长要主动给予孩子及时的支持和引导，帮助孩子在人生困境中学会向外界求助。此外，家长还要主动教会孩子自主处理问题的技能，不断强化孩子解决问题的能力，让孩子以斗志昂扬的姿态迈向人生的新阶段。

延伸拓展

一、阅读推荐

> >> 1.《父母的语言：3000 万词汇塑造更强大的学习型大脑》(著者：[美]达娜·萨斯金德、贝丝·萨斯金德、莱斯利·勒万特－萨斯金德；译者：任忆；出版单位：机械工业出版社)。

理由及建议：该书介绍了美国人类学家贝蒂·哈特和托德·雷斯利1995 年进行的“3000 万字差距”调查研究的成果，即出生在贫困家庭的孩子，到 4 岁时，与出生在较富裕家庭的孩子相比，会少听到 3000 万个英语单词。研究结束时，他们的智商是 79，而富裕家庭的孩子的智商是 117。在孩子们 10 岁时，贝蒂和托德进行回访时发现：那些词汇量大的孩子学习成绩更好。通过阅读该书，家长可以掌握更多促进孩子学习与成长的有效方法。

> >> 2.《高效能人士的七个习惯（精华版)》(著者：[美]史蒂芬·柯维；出版单位：中国青年出版社)。

理由及建议：该书介绍了高效能人士的七个习惯：①积极主动，个人愿景的原则；②以终为始，自我领导的原则；③要事第一，自我管理的原则；④双赢思维，人际领导的原则；⑤知彼知己，同理心交流的原则；⑥统合综效，创造性合作的原则；⑦不断更新，平衡的自我更新原则。家长可以和孩子一起阅读、揣摩和领悟，并和孩子一起结合生活和学习实际逐条进行自我检测和实践。只有亲子之间彼此提示、监督、鼓励，才能建设新型的亲子关系，共同做“高效能人士”。

> >> 3.《掌控习惯：如何养成好习惯并戒除坏习惯》(著者：[美]詹姆斯·克利尔；译者：迩东晨；出版单位：北京联合出版公司)。

理由及建议：该书介绍了习惯形成需要的 4 个步骤，即提示→渴求→反应→奖赏。这 4 个步骤一起形成了一个神经反馈回路。通过阅读该书，家长可以更清晰地了解习惯的形成机制，并结合孩子的具体行为进行深入剖析，然后身体力行地引导孩子矫正一些不良习惯。

> >> 4.《关键对话：如何高效能沟通（原书第 2 版）》（作者：［美］科里·帕特森、约瑟夫·格雷尼、罗恩·麦克米兰、艾尔·史威茨勒；译者：毕崇毅；出版单位：机械工业出版社）。

理由及建议：该书介绍了处理好“关键对话”的 4 种方法：牢记对话目的，注意维持安全感，从事实入手，了解对方真实动机。家长和孩子在进行“关键对话”（如观点不一致、重大事件等）时，可以借鉴书中的这些技巧来引导孩子，达成对话目的。

> >> 5.《非暴力沟通》（著者：［美］马歇尔·卢森堡；译者：阮胤华；出版单位：华夏出版社）。

理由及建议：该书是一本介绍如何控制自己情绪、如何与人沟通的图书。书中呈现了“非暴力沟通”的四个要素，即观察、感受、需求、反馈。家长可以揣摩和领会书中“非暴力沟通”的精髓和实质，运用这些技巧提高日常生活中亲子交流的质量。

二、视频推荐

> >> 1. 电影《当幸福来敲门》。

理由及建议：影片讲述了一名落魄的业务员勇敢地承担单亲的责任，奋发向上成为股市交易员，最后成为知名的金融投资家的励志故事。观影后，家长可以和孩子讨论影片中的哪些细节可以带来了心灵的触动，并引导孩子结合电影故事谈谈对“幸福”的理解，以及支撑主人公坚持奋斗的内在动力等，以此引发孩子对幸福的思考。

> >> 2. 电影《你好，李焕英》。

理由及建议：这是一个有笑有泪的电影。电影讲述的是一事无成的贾晓玲在经历“子欲养而亲不待”的悲痛后，穿越时空回到过去，触摸年轻的父母和他们的梦想的故事。观影之后，家长可以和孩子讨论“如果时光可以回流，贾晓玲和母亲会怎样做”“联系现实生活，谈谈亲子之间都有哪些让自己感动的瞬间或耿耿于怀的事件”等话题，引发孩子对亲子关系的思考。

3. 电影《我的姐姐》。

理由及建议：姐姐安然在父母过世后，在追求个人独立生活还是抚养弟弟的问题上产生了矛盾，影片以此为基础讲述了一段细腻感人的亲情故事。在影片中，亲子之间可以讨论的话题很多。比如，安然对弟弟态度前后的变化及其原因，在承担亲情责任和追求独立、自由之间的选择及其理由，等等。通过亲子共同观影，双方可以学会正确避免家庭矛盾与冲突的方法，使亲子关系更加和谐。

评估改进

一、自我评估

判断家长是否能有效为孩子提供帮助的 10 项重要指标

您在日常生活中的实际情况与下面列出的表现是否相符？若相符，则选“是”；若不相符，则选“否”。其中，第①～②题为家长的自我感知情况，第③～⑦题为具体事项的印证情况，第⑧～⑩题为家长的榜样示范情况。

	是	否
①我认为自己很了解孩子。	□	□
②作为家长，我会竭尽全力给予孩子支持和帮助。	□	□
③我认为自己的孩子目前主要在学习和心理上存在着困难、障碍或问题等。	□	□

	是	否
④日常生活中，我更注重在心理、生活上给予孩子更多的支持和帮助。	□	□
⑤孩子进入九年级后，我觉得更容易和孩子进行生活类、文体类等话题的交流。	□	□
⑥我时常会参与孩子及其小伙伴的活动（如聊天、看电影、锻炼、游玩等）。	□	□
⑦作为九年级学生的家长，我能积极参与孩子班级建设。	□	□
⑧我认为在教育孩子遇到困难要学会求助时，首先要寻求合适的方法，其次要调整好心态。	□	□
⑨我时常通过讲述一些成功人士的故事，告诉孩子遇到困难要学会求助。	□	□
⑩在生活中遇到困难或感到困惑时，我会积极向他人寻求支持和帮助。	□	□

【评估参考】如果您选择“是”较多的话，说明你能有效地引导孩子学会求助，并在关键的时刻给予孩子应有的帮助；反之则说明您在生活中没有为孩子的成长提供积极有力的帮助。此时，您需要对照选择了“否”的内容，结合孩子的实际，及时改进自己的教育方式，从而更好助力孩子成长与发展。

二、改进计划

亲爱的家长，您好！阅读本专题后，您应该对如何帮助孩子更好地学会向他人求助有了更深入的认识。下面请您结合实际情况，写出自己的改进计划，并逐项完成。